# 男孩穷养有出息

NANHAI QIONGYANG YOU CHUXI

卢晴　张小月◆编著

**孩子是父母最大的投资**

**因材施教，才能培养出优秀的孩子**

在物质上对他给予适当限制，更多地培养他的精神，
让男孩懂得吃苦节俭的含义，懂得珍惜和奋斗，
磨练意志，锻炼勇敢坚韧、独立自主的个性，提高各种能力。

山西出版集团
山西教育出版社

# 目 录

# 为什么男孩要穷养

## ——穷养的男孩有出息

### 男孩穷养的真正含义

于小乐是一名小学五年级的孩子，他穿着朴素，生活上很节俭，有时候可以说是有点小气。比如夏天的时候，别的同学都买来各种冰镇饮料解渴，而他只喝矿泉水。不过他平时对人比较有礼貌，在学校关心同学，尊重老师，凡事都比较谦让，在每个老师眼里于小乐都是一名品学兼优的好学生。如果不是班主任老师的一次意外家访，谁也不会知道于小乐的爸爸原来是本市最大的民营企业的董事长，他们家的资产已经过亿了。

在家访的时候，班主任老师发现，尽管于小乐的父母十分有钱，但他们还是住在以前的老房子里面，家里的家具也是旧的，他的父母穿着也十分普通。当时班主任老师很吃惊，但是于小乐的爸爸笑着告诉他的老师说："我们从孩子出生的时候，就打算'穷'着养他，尽管家里条

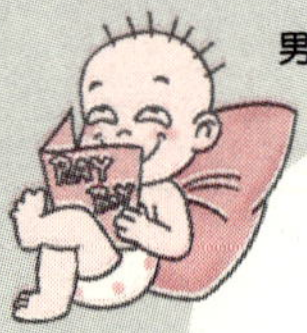



件还不错，但是我和爱人为了给孩子树立一个好榜样，都十分节俭。从小乐小的时候我们就严格要求他，为了把他培养成一个有礼貌、能吃苦的孩子，我们从来不给他穿名牌衣服，用品牌东西，更不主张他上贵族学校，只想让他做个普通的、能吃苦、会生活的孩子，所以我们更多的时候是在注重孩子道德品质的培养，物质上只要过得去就可以了。毕竟孩子将来的路还是要靠他自己走，我们也不能陪着他生活一辈子。”小乐爸爸的一番话，让班主任老师十分佩服，他很欣赏这样的父母，更欣赏他们“穷”着养孩子的态度。

是的，小乐的父母无疑是明智的，但是这样的父母并不多见。我们经常见到的是：家里只要有钱，孩子吃、穿、用都是最好的，凡是孩子提出的要求，父母都尽力满足；家里不富裕的宁可自己吃苦受罪，也要给孩子创造最好的条件，借钱也要让孩子上名校、穿名牌等等。

而这样的父母又能培养出什么样的孩子呢？看看吧：有些孩子花钱如流水，有一分钱要花两分钱，反正花完了再向父母要；有些孩子吃饭要去肯德基、麦当劳，鞋子非阿迪达斯不穿，渴了非饮料不喝；有些孩子的父母辛辛苦苦挣钱让他们上名校，而他们却在学校和别人比吃比穿……这样的例子太多了。

有句古语说“穷养男，富养女”，很多父母都知道这个道理，但是在教育孩子的时候却往往忽略这一点，在他们看来，自己不缺那么几个钱，何必让孩子受那么多苦呢！

是的，现在的物质生活条件比以前确实有了极大的改善，父母们可以为孩子们创造良好的物质环境，所以他们对孩子娇生惯养，不舍得孩子吃一点苦。然而他们不知道，孩子们在父母翅膀的庇护下，丧失了展翅高飞的能力，只知道索取，却不知道关心父母，关爱家人，做事没有毅力，总是虎头蛇尾，凡是觉得很苦很累的事情就逃避。这样的孩子能适应将来社会的需要吗？答案当然是否定的。

男孩，就是要“穷”着养。孟子曰：“天将降大任于是人也，必先苦其心志，劳其筋骨，饿其体肤，空乏其身，行拂乱其所为，所以动心忍性，增益其所不能。”只有经历过艰难困苦的人才知道生活的可贵，才能担当大任，同样也只有“穷”过的男孩，才知道生活的艰辛，才能体谅父母的辛苦，这样的孩子才能经受住人生中严寒酷暑的拷打，并最终能有一番大的作为。

这里所说的“穷养”，并不是不给吃不给穿，故意让孩子受罪，而是指限制孩子的物质消费，更多地给予精神、品质上的培养。让我们来看看“穷养”男孩的真正含义吧。

**内涵一：**

让男孩吃点苦，懂得生活的艰辛。现在，很多孩子都不会真正理解“苦日子”这三个字的含义，父母不妨给男孩吃点“苦”，即使自己的物质条件优越，也要创造条件让他吃点苦，这样他们才能真正地体会到生活的艰辛。也可以让孩子接触和了解“贫穷”，比如让男孩看看电视和上网查找有关边远贫穷地区的人们的生活图片，带他们去孤儿院看望孤儿，还可以趁着假期的时候带他们去一些偏远的山区，让他们远离自己优越的物质生活，和那里的人一起生活一段时间，让他真实地体验和感受到贫穷，加深他们的认识。

**内涵二：**

让男孩具有顽强的意志。顽强的意志是一个人勇往直前的基础，尤其对男孩来说，顽强的意志是不可缺少的品质。生活中可以让男孩受点挫折，只有经历挫折，才能让他在以后的生活中能够经历狂风暴雨的侵袭。同时锻炼男孩临危不乱的品质，不管遇到大事还是小事，让他都能很快地调整心态，从容不迫地去面对。

## 内涵三：

让男孩具有较强的生存能力。任何一个人，生存都是第一要素，每一个人都需要有生存能力，而男孩尤其需要强有力的生存能力，因为他将来要担负种种重任。父母要让男孩从小做些力所能及的事情，锻炼他们的生活自理能力，教会男孩独立生活，不管在任何情况下，他都能顽强地生存下去，并想办法让自己生存得更好。

## 内涵四：

让男孩学会担当。不管是在东方还是在西方，古今中外，人们都有一个共识：没有责任心的男人不会有出息。责任是男孩肩头的“徽章”，作为男性，就要敢于担当和勇于担当，要学会负责任。只有男孩承担属于自己的那份责任，才能彰显他男性的魅力。

## 内涵五：

男孩要学会自强不息。只有自强不息的男孩，才能勇往直前，才能克服各种困难，最终取得成功。一个男孩必须能够经受住生活中的种种锤炼，要具有钢铁般坚强的意志，不管多么艰难，一定要迎着自己的目标有奋勇向前。

## 内涵六：

男孩要有爱心，要乐观。乐观、开朗、善良的人，在任何一个地方都会备受欢迎，在他们身上有一种无形的力量，散发出人性的光芒。不管物质生活条件如何，男孩在精神上一定要富有，这样才能远离空虚和低级趣味。父母可以培养男孩的阅读习惯，让他们从书中获得丰富的营养知识；也可以带着他们去欣赏大自然的山山水水，让他们感受自然令人震撼的魅力；可以多带着他们去参加一些社交活动，让他们亲自感受

“得体”和“高雅”，培养他们的绅士风度。

所以，父母要想让男孩在未来的生活和社会竞争中能够取得成功，能够担当重任，生活得快乐幸福，就应该“穷”着养吧。

## 有出息的男孩是怎样炼成的

每每看着别人家的孩子考入名校，看着别人家的孩子以全额奖学金出国读硕士、读博士，看着别人家的孩子年薪百万，看着别人家的孩子自己创办公司，然后经营得有声有色……父母们都会觉得很羡慕，他们到底是怎么教育的啊，孩子那么有出息，我怎么就教不好孩子呢？我们可以先来看看李嘉诚的教子之道：

大家都知道李嘉诚有两个儿子李泽钜和李泽楷，在他们小的时候，李嘉诚就开始对他们进行严格的培养教育。因为他深知，温室里的苗苗是不能茁壮成长的。

在儿子很小的时候，李嘉诚就常常带着他们坐汽车、坐巴士来体验生活。有一次，他看见路边报摊有一个卖报的小女孩边卖报边做功课，就让两个儿子在不远处观看，学习小女孩刻苦学习的精神。

当李泽钜和李泽楷长到八九岁时，李嘉诚召开董事会，就让儿子坐在专门设置的小椅子上列席会议。而这时候别的孩子还在父母的怀里撒娇，在游乐场尽情地玩耍，而这兄弟俩却要收拾起自己的玩性，安静地上他们除了学习之外的另一项课程。等到兄弟俩上中学的时候，李嘉诚就带他们到公司去开会，李嘉诚说：“带他们到公司开会，不是教他们做生意，而是让他们知道，做生意不是简单的事情，要花很多心血，开很多会议，才能成事。”

后来兄弟俩先后到美国留学，他们和别的孩子一样，需要靠自己打工来赚取零花钱。李嘉诚不是没有能力给儿子零花钱，也不是没有能力给儿子在国外买车，就是为了锻炼他们，所以他才鼓励他们打工，给他们一人买了一辆自行车。

后来兄弟俩均在美国斯坦福大学以优异的成绩毕业了，他们想在父亲的公司施展才华，干一番事业。但是这时候，李嘉诚却没有为他们安排工作，而是把他们推向社会，让他们自己去经历风雨。

兄弟俩于是到了加拿大，李泽钜开设了地产开发公司，李泽楷成了多伦多投资银行最年轻的合伙人。在加拿大兄弟俩克服了许多难以想象的困难，都把自己的事业做得有声有色。直到两年后，李嘉诚才把他们找回香港。后来李氏兄弟在自己的事业上创造了一个个辉煌的神话。

是的，李嘉诚的教子之道无疑是成功的，尽管他是一位富有的商人，但是他并没有娇惯两个儿子。他要求儿子从小在生活上克勤克俭，不求奢华；在事业上注重名誉，信守诺言。他特别教导儿子要考虑对方的利益，不要占任何人的便宜，要努力工作。这些都是李氏兄弟成长的财富，所以他们最后能够独立地开拓属于自己的一片天地。

每个父母都希望自己的孩子将来有出息，尤其是男孩，希望他们将来能够担当重任，开创属于自己的事业。期望是美好的，但是父母们又是怎么做的呢？我们经常会看到不少父母对自己的孩子从小过于溺爱，什么都不让孩子自己动手，所有的问题和负担都是自己扛。而孩子们呢？连最基本的生活都不能自理，他们胆小、自卑、软弱、自私、依赖性强、没有责任感，这样的孩子将来长大了不仅不会有出息，还会成为家庭和社会的负担。

男孩的性别给了他们巨大的能量，所以父母对他们的期望就更高，

希望他们有出息的愿望就更强烈。

那么，父母们到底应该怎样做才能培养出一个有出息的孩子呢？

### 步骤一：

给孩子树立榜样，建立和谐家庭。

父母是孩子最好的榜样，是孩子生命成长的第一任老师，他们将最直接地影响着自己的孩子。如果父母具有良好的品质，比如热爱阅读，具有百折不挠的精神，勇敢地面对困难，那么这些习惯和品质就会悄无声息地影响到自己的孩子。另外，父母要为孩子构筑和谐的家庭环境，家是孩子精神的归宿和心灵的港湾，长期生活在和谐幸福家庭中的孩子将会心智健康，这样的孩子在面对困难和荣誉的时候都会宠辱不惊，幸福永在。

### 步骤二：

拆掉男孩的温室。

不少父母生怕自己的孩子吃苦受委屈，于是他们精心地为孩子构筑了一个精美的温室，但是在温室中成长起来的孩子是经受不住风吹雨打的。所以说，父母应该放手让孩子学着承担风雨，拆掉他的温室，让他在摔打中成长。这样他才能在将来激烈的社会竞争中站稳脚跟，取得让人意想不到的成绩。

### 步骤三：

培养男孩坚强、勇敢的品质。

坚强的意志是男孩人格健全的重要标志，也是男孩走向成功的资本和阶梯。要培养男孩的勇敢坚强，父母应该让男孩学会坚强地面对挫折和痛苦，当他摔倒的时候不要立即伸手去扶他，让他自己爬起来。历经挫折和困难，他才会拥有不屈的意志，才能驾驶着自己的帆船，勇敢地到达成功的彼岸。

### 步骤四：

让男孩为自己负责任。

有一种“腐烂的脐带理论”，这种理论把父母、儿女之间矛盾的关系，比作一根即将腐烂的脐带，让人厌恶，却无法割断。该理论认为，如果不能让孩子尽早建立其对自己的责任感，家长的照顾反而会适得其反，变成两代或者三代人共同的痛苦。

所以说父母要从小注意培养男孩的责任心，不袒护、不纵容他们的错误，让他们为自己的过失“埋单”，要让他们为自己的言行负责，自己的事情自己办，做事要善始善终。要让男孩从小养成良好的生活、学习习惯，这些将会让他们受益一生。一个具有责任心的男孩，才能逐渐成为一个对家庭、对他人、对集体、对社会负责的人，才能成为一个真正有出息的人。

## 再富不能富儿子

亨利是一个10岁的小男孩，家住美国洛杉矶市，父亲是律师，母亲是会计师，属于高收入阶层，但是父母对亨利却十分小气。

上周五是亨利的生日，按理说家庭条件不错的父母应该送给儿子一份精美的礼物才是。但是亨利的父母在他生日那天却送给他半辆自行车——父母只给了他一半的买车钱，剩下的钱要靠亨利自己挣。

于是亨利便想着自己要通过什么办法来凑齐买自行车所需要的费用，当他抬头看见窗外邻居家那长得高高的草坪的时候，就有了主意。接下来，他每家每户敲门，问他们要不要修剪草坪。看着这么小的一个小男孩主动要求来帮助自己修剪草坪，善意的邻居们谁也没有拒绝他的要求。就这样，亨利承包了给周围的邻居们修剪草坪的任务，一次一美元。别看亨利年纪小，身体也比较瘦弱，可是干起活来，他却是一把好手。他修剪的草坪相当整齐，不比一些大人修剪得差，很快就赢得了周围邻居们的一致认可。

亨利就是这样通过自己的劳动，凑齐了剩下的费用。三个月后，亨利骑着他自己新买的自行车，在周末的时候开始去一些较远的地方给其他小区的居民修剪草坪。在亨利看来，虽然他凑齐了买车的费用，但是还可以通过这种方式来给自己换取足够的零花钱，也可以存钱来买其他一些自己比较喜欢的东西。

看了亨利父母的做法，想必我们的很多父母会很吃惊吧。首先，我们的父母不会这样做，因为确实不缺那么几个钱给孩子买自行车；其次，我们的孩子估计没有亨利那么听话，如果让他们去挣钱，他们一定吃不了那个苦，或者干脆就不愿意，宁愿不要那份礼物。

这也许就是东西方父母教育孩子的差异吧。在西方，人们一般认为再富也不能富孩子，父母财产的多少跟孩子是没什么关系的，不论父母多么有钱，孩子也需要自己打工来赚零花钱，到了18岁就出门独自寻求生存之路。

而在我们国家，人们认为再穷不能穷孩子，于是父母们便不惜花巨资送孩子上最好的学校，让他们接受最好的教育，却不懂得要塑造孩子的健全人格。尤其是现在大多数家庭只有一个孩子，我们经常会看见这样的场景：在肯德基，一些父母给孩子买最新的套餐，给他们买鸡腿堡，而自己却什么也不吃；孩子们穿着名牌，背着漂亮的书包，而父母却几年都舍不得买一件新衣服；孩子们骑着新款的山地车，而父母连一辆普通的自行车也舍不得买，只能走路去上班。这样培养出来的孩子，根本不懂得关心自己的父母，还一味地向父母索取。甚至有些孩子大学毕业了还不去找工作，还做“啃老族”。

据悉，在日本，孩子很少向父母要钱，伸手要钱被视为耻辱。“孩子应当比大人少穿一件衣服。”这是澳洲居民为孩子穿衣时常说的一句话。因此，在澳洲，即使在最冷的冬天，也很少见哪一位家长给孩子穿棉衣和防寒服，最多是在外面罩上一件绒衣而已。这些在国内都是不可思议的做法。

在富养还是穷养孩子这一点上，我们的父母应该学习国外父母的做法，要明白有时候我们给孩子的物质财富越多，反而越危险，会使孩子从小就成为物质的奴隶，成为不折不扣的寄生虫。“再富也不能富儿子”，这样培养出来的男孩才能有担当精神，才能适应激烈的社会竞争，才能完全靠自己的能力创造出一番事业。

那么，父母们应该怎么做呢？

### 步骤一：

不妨故意“贫穷”。

“由俭入奢易，由奢入俭难”，如果孩子养成了花钱大手大脚的习惯，他们是过不了贫穷的生活的。父母们即使富有，为了更好地教育孩子，也可以故意装一下贫穷，在家庭生活中克勤克俭，吃穿要普通一些，还要经常告诫孩子：父母挣钱不容易，很辛苦，要节省着花。这样才能逐渐地培养孩子的节俭意识，让他们学会感恩，珍惜自己的幸福生活。

### 步骤二：

鼓励男孩通过劳动挣钱。

不少父母，只要孩子要钱就给，而孩子拿着父母辛苦挣来的钱，看见什么就买什么，全然不顾自己是否需要，很多东西买回去就放在那里，要不就是消费无度，过生日请客就要花掉上千元。父母给孩子的零花钱要合理，每个月或者是每个星期要定时定量地给，花完了就不再给了，这样孩子才会有节约用钱的意识。要让孩子知道劳动光荣，鼓励他们通过自己的劳动挣钱，可以鼓励孩子在节假日的时候出去擦皮鞋、卖报纸，通过亲自体验，孩子就会知道金钱来之不易。

### 步骤三：

对男孩“狠一点”。

不少父母明明知道有时候对孩子的一些要求不应该满足，但是他们就是对孩子狠不下心来。明知道应拒绝，可是看见孩子可怜巴巴的神情或者面对孩子的哭闹，于是就乖乖地满足孩子的要求。父母应该对男孩“狠一点”，拒绝他的不合理要求，在精神上锤炼他。

## 穷养不是没有金钱投入

一位男孩的妈妈在博客中写道：

我一直对儿子奉行的是物质上要穷养的原则，当然这种穷养并不是我不舍得为孩子多花一分钱或者不为孩子花一分钱，而是为孩子花那些必须要花的合理的钱。

比如说儿子的教育费用，这是一笔固定的开支，还有一些学习上的投入，这也是必须要花的。但是在孩子的学习投入上，我不像一些父母那么盲目，看见别的孩子报了钢琴班，生怕自己的孩子落后，不吃不喝也要给孩子买一架进口钢琴，让孩子练习；看见别的孩子报了书法班就匆忙也把自己的孩子带去报名；看见别的孩子报了英语培训班，也跟着为自己孩子报名。我会尊重孩子的意愿，让他学习他感兴趣的东西。我的儿子小威不喜欢钢琴，可从小就喜欢绘画，我按照他的兴趣给他报了绘画班，现在儿子上小学三年级了，他的画画得特别好，每周都有进步，别的他不喜欢的我从不强求。就是这样，我们争取把对孩子的每一笔开支都花在刀刃上，争取花最少的钱，取得最大的收获，这样孩子和家长都不会太累。除了孩子的教育投入之外，我们也给孩子买保险，主要是医疗保险。

还有一项最大的开支，就是孩子的生活消费，尽管家庭条件还可以，但是我们并没有给孩子吃穿用名牌，我经常告诉儿子，我和他爸爸都是工薪阶层，挣钱不容易，要节约着花，所以儿子的生活也很简朴，一个书包背了三年了还在背，他去超市买东西，给他的钱总是花不完，因为他知道要货比三家，买那些物美价廉的商品。

儿子说，我和他爸爸每天上班都很辛苦，挣钱很不容易，所以他能节省的都省着，不给我和他爸爸增加负担。这点让我感到很欣慰。

是的，一听到“穷养”两个字，不少父母就会认为是不是说我不需要给孩子花钱，让他们过穷苦的生活。这种理解过于片面，“穷养”不是说让孩子吃不饱、穿不暖，让他们节衣缩食，更不是没有金钱的投入，而是指父母要理性地为孩子花钱，不能孩子要什么就给什么，要多少钱就给多少钱，助长他们的高消费，助长他们养成奢侈的坏习惯。

上海市社会科学院社会学所的徐安琪研究员曾经发表了一个有关抚养孩子的经济成本的报告，在报告中，她根据2003年的物价水平，核算出徐汇区家长从孩子刚出生到30岁，一共要在孩子身上投入49万元。不过这并不是一个全国性的数字，这个数字来源于全国人均收入最高的上海市，而徐汇区的经济情况在上海市也是比较好的。



这个调查报告曾经在国内引起轩然大波，也引起了很多父母的关注，他们都在讨论着这样一个问题：在中国养一个孩子要多少钱？这是一个很沉重的话题，也是所有的父母都无法回避的问题。尽管从全国的水平来看，抚养一个孩子需要49万元确实偏高了点，但是毋庸置疑的是，在中国抚养孩子的成本近几年正在呈几何级数增长。

现在随着经济的发展，人们的生活水平也在不断提高，父母们为了孩子能有一个好前途，不惜在金钱上大量地投入，然而常常是投入与得到不成比例，花钱做吃力不讨好的事情。

到底应该怎样为孩子进行金钱投入，我们可以学习一下美国父母的做法：

美国人对孩子花钱的“大方”之处，表现在该花的钱绝对不抠门。他们重视孩子的精神和心理健康，同时也丝毫不放松身体素质锻炼。美国儿童差不多人人都会在5～6岁时学会游泳，几乎每人都有自行车、旱冰鞋和滑板。儿科医生认为让孩子从小就玩这些体育项目，可以增强体质，并能有效防止脊柱侧倾。

但对可花可不花的钱，美国人表现得往往非常“小气”。美国人一般都为孩子办理了健康保险，但孩子有个小病小灾很少抱他们去医院，为的是让儿童对疾病产生抵抗力。出生不久的婴儿往往赤身裸体地躺在房间里或者阳台上，给他们洗澡也用冷水，稍微大一点，餐前还要喝一杯加冰的水，目的无非是培养儿童健康的生活习惯。

我们的父母可以学习一下他们的这种养育孩子的方式，该花的钱一定要花，可花可不花的钱一定不要花，孩子要穷着养，不要娇生惯养，要让孩子多一些经历、多一些锻炼，要让他们认识到金钱的来之不易，要让他们学会珍惜和节约每一分钱。

那么，我们的父母应该怎样对孩子进行合理的金钱投入呢？

### 步骤一：

该花的钱一定要花，不该花的钱一分也不给孩子多花。

孩子基本的衣食住行的费用，这是必须要花的，但是花的时候也不是没有一个度，要量力而行，能节约就节约，能用低档的东西就不要用高档的，能不用钱的就不要用钱。但是对于孩子额外的金钱要求，就不要多给，比如孩子要去买名牌衣服，买高档的手机、电脑，这些都是可以拒绝的。

### 步骤二：

引导男孩正确地消费，不要单纯地限制孩子花钱。

父母为了穷养男孩，一味地控制孩子花钱也不是什么好的办法。三分控制，七分引导，才是最合理的做法。父母可以考虑在允许的范围内，让孩子掌握自己的日常开支，让他们学会有计划地花钱。可以给男孩设立一个消费标准，小钱让他自己看着办，而大钱让他和父母商量，对他们的消费作出及时的引导。

### 步骤三：

对男孩的教育投资要理性。

大多数父母都抱着“望子成龙”的心态，对男孩的教育投资往往喜欢跟风，但是在教育上理性的投资还是非常必要的。父母们应该从孩子的实际情况出发，赋予孩子适当的期望，根据他们的兴趣爱好因材施教，拿出一部分资金来投入，切忌攀比和跟风。父母不仅要注重孩子智力因素的培养，还要加强他们非智力因素的培养，注重孩子的身心健康，采用多渠道的投资方式，用丰富多彩的生活方式来培养和锻炼孩子。

## 穷养不是限制物质需求

李阳的父母都是高校的教授，家庭条件比较好，但是父母从李阳出生就开始对他进行“穷养”。在李阳5岁的时候，妈妈去超市买东西就带着他，让他挑选自己喜欢吃的零食或者要用的文具。虽然妈妈让李阳自由地选择他喜欢的东西，但是却规定了金钱的数额，比如今天只可以花10元钱买零食，他可以任意挑选，但是却不能超出这10元钱。

妈妈到现在还记得，李阳在上小学三年级的时候，一天放学回来对她说：“妈妈，给我买一双耐克运动鞋吧，我们班上的陈明今天穿了一双耐克运动鞋，好神奇哦，全班同学都围着他看呢。”妈妈想了想说：“你的运动鞋不是才买没有多久吗？还没有穿坏，所以妈妈是不会给你买的。如果你仅仅是羡慕别人的好鞋，妈妈觉得没有必要。你可以在学习上超过他，但是你不能和他比鞋子，知道吗？”李阳似懂非懂地点点头。

在物质需求上，妈妈尽管会限制李阳，但是李阳要买学习用书或者他喜欢看的书的时候，妈妈总是大力地给予支持，在她看来，孩子的精神一定要富有。妈妈还很注重培养李阳独立生活的能力，尽管是独生子，但是李阳在家时，洗碗、拖地、洗衣服这些事情都会去做。

现在的李阳已经是一家大公司的总裁了，尽管年薪不菲，但是他还是十分节俭。他说妈妈教给我的最大的财富就是：让我从小就知道了要怎么花钱，要在金钱上约束自己。这种自制力后来也被我带到了学习和工作中，让我受益匪浅。

现在生活条件好了，不少父母都不想自己的孩子还受自己小时候的那种苦，于是他们对孩子的物质需求毫无节制地给予满足，而像李阳的妈妈这样明智的父母则是少之又少。

物质需求是生活永恒的主题，随着孩子们年龄的增长，他们的物质需求也越来越多。穷养既不是过度地限制孩子的物质需求，也不是无限制地满足孩子的物质需求，而是应该给予孩子合理的物质满足。

物质上无原则地满足孩子的需求，会给孩子的成长带来很多不良的后果：

1. 需求，加剧欲望膨胀。人的心都是贪婪的，孩子们对物质的需求不会停止，如果父母们什么都满足他们的话，他们的需求欲望就会膨胀。这种膨胀要是一时得不到满足，孩子们也许会采取极端的方式来获得满足，有些甚至会走上犯罪的道路。

2. 容易让孩子变得自私自利，父母无限制地满足孩子的物质需求，他们就会变得自私，不懂得感恩，更不懂得体会父母的辛劳。

3. 生存能力差。如果孩子只要开口，父母就给他们想要的东西，这样会降低孩子的生活自理能力。

研究结果表明，那些太多太快得到物质需求满足的孩子，长大成人后难以应对人生的挫折。他们有一种扭曲的权利感，阻碍他们在工作单位和人际关系中取得成功。心理学家说，放纵孩子的父母实际上可能会使他们将来更易于焦虑和沮丧。反之，如果太过限制孩子的物质需求，会使孩子变得自卑、胆小，做事没有魄力。

父母们应该认识到穷养男孩的真正内涵，要培养孩子吃苦耐劳的品质和勤俭节约的精神，要注重培养男孩的精神素养，增强他们的责任感，而不是在物质上无限制地给予，或者是过分不给予。

### 步骤一：

父母要学会判断男孩的物质需求是否正常。

孩子正常的物质消费需求的标准，应该从两个方面来看：一个是明确物质消费的标准——保持在班级的中下等水平；另一个是消费要符合家庭经济收入的实际。父母们不要怕委屈孩子，要根据自己的家庭收入来满足孩子的消费。父母们应该和孩子商量适度的消费标准，与周围的环境横向比较，不搞特殊，还要主动地关心孩子的消费变化，给予及时引导。

### 步骤二：

提高男孩的自控能力。

自控力强的孩子都是比较有耐性的，能够冷静地处理自己日常生活中出现的问题，能够在事业上获得较大的成功。只有具备一定自控力的孩子，在物质需求上才能严格地控制自己的需求，该要的要，不该要的不要。所以说父母们一定要通过各种方法来训练孩子的自控力，而自控力的强弱，在一定程度上也决定了孩子的未来。

### 步骤三：

重视男孩物质和精神的协调发展。

父母们不仅要满足孩子合理的物质需求，也不能抹杀和打击孩子的精神需求，应该鼓励孩子多看书，给他们创造良好的精神环境，培养他们良好的精神品质，只有物质和精神协调发展的孩子，才是身心健康的，也只有这样的孩子才是最自信的。而一味地满足孩子的物质需求，他们的精神就会空虚，就会无聊，人就表现得十分消极，就会没有了目标、没有了方向，对孩子的成长和成才来说是极其不利的。

# 穷养男孩，先进入男孩的世界
## ——这就是男孩

### Y 染色体，男孩的成长密码

今天班主任老师又给陈宇的妈妈打电话了，上课的时候别的同学都在认真地听课，唯独陈宇，一会儿用胳膊碰一碰旁边的同学，一会儿又悄悄地钻在课桌下面收拾东西，不仅自己没有听讲，还影响了其他的同学。

还有上周末，陈宇和隔壁的明明一起在小区的草坪上玩耍，不一会儿，明明的妈妈便带着哭泣的明明找上门来，说是陈宇抢明明的玩具，明明不给，陈宇就动手打人，把明明打哭了。妈妈好不容易才把明明母子安慰走了，去小区里寻找陈宇，结果发现他在和一帮小朋友玩沙子，手上、身上沾满了沙子，出门时候穿的外套也不知道丢到哪里去了。看见儿子这么不懂事，陈宇的妈妈真是气不打一处来，真想上去好好教训儿子一顿。

强忍着心中的怒火，妈妈问陈宇，为什么打明明，谁知陈宇这样说：“我想玩一会儿他的玩具，他就是不给我，我也不是故意要打他的，谁让他那么小气！”听完儿子的话，妈妈真是又好气又好笑。男孩真是不好养啊，这么爱惹事，整天跟在他后面收拾乱摊子，要是当初生的是女孩该多好。

陈宇这样的小男孩，确实够让父母头疼的，但是仔细观察，我们就会发现，生活中有不少小男孩在成长的过程中都是这样，他们顽皮、好动、喜欢用暴力解决问题，喜欢和别人竞争。因为男孩的这些个性，让忙碌的父母在工作之余还要抽出时间来处理儿子所闯下的祸，所以很多父母会像陈宇的妈妈一样感慨：要是我当初生的是个女孩该多好，最起码乖巧听话，不会惹是生非的，自己也省心。

当然，妈妈们也都知道想生个女孩毕竟是自己的愿望，而男孩的性别却不是自己能够决定的，原因何在呢？

大家都知道女人体内的卵子与男人精液中的精子结合，便形成一个受精卵，然后发育成一个婴儿。从精子和卵子在女人的子宫里结合的那一刻起，婴儿的性别就已经决定了，而这一切都取决于男人精子里的那对特别的染色体。男人精子里的那对染色体分别是 X 和 Y，而女人卵子里的那对染色体是 X 和 X。这就是说如果女人体内的卵子与含有 X 的精子结合，那未来的婴儿就是女孩；如果卵子与含有 Y 的精子结合，那这个未来的婴儿就是男孩。

精子和卵子的结合确实是神秘而神奇的，但是我们不要小看那条 Y 染色体，因为它不仅决定了男孩的性别，还影响着男孩的性格和成长。比如男孩喜欢冒险、喜欢打架、喜欢竞争、喜欢当孩子中的头儿等等，这些都是 Y 染色体在暗中起着作用。可以说，Y 染色体就是男孩成长的一条密码。也正是因为这条Y染色体的存在，男孩和女孩在娘胎里就可以区分开来，随着他们的出生和成长，他们的一系列的特质也会由此而区别开来。这下父母该明白为什么男孩总是给自己带来麻烦了吧？

当然，仅仅是一条Y染色体的话，他的功力没有这么大，它还有一个强有力的助手，那就是男孩身上的雄性激素——睾丸素。正是在这个助手的大力“帮助”下，Y染色体先将婴儿的胚胎转变成男性，然后使其发育成一个男孩，并赋予其第二性征，最后这个男孩便成长为一个成熟的男性。

真的一条Y染色体加上睾丸素的威力就那么大，会让一个小男孩渐渐成长为一个真正的MAN？有少部分的父母可能会有困惑，既然它们的作用那么大，那为什么我的儿子还是像个女孩儿一样，说话嗲声嗲气的，走起路来扭扭捏捏的，一点男孩的样子都没有，完全是一个“娘娘腔”呢？难道是他的Y染色体出现了问题？还是他体内的雄性激素没有好好地配合？

当然都不是。一位心理学家对一所小学的男生基本情况进行了调查，但调查的结果却令他大吃一惊：这所小学中将近1/10的男生都有“娘娘腔”倾向。也就是说，每10名男生中，就会出现一个带有“娘娘腔”倾向的男生。这到底是怎么回事呢？难道是这些男孩的Y染色体都产生了变异吗？

后来经过心理学家的研究和分析，才知道是这样的：有些男孩会出现“娘娘腔”的问题，和他后天的成长环境以及父母们不当的教育方式有关。这并不是Y染色体出了问题或者产生变异的问题，父母们应该从自己的身上找找原因。

这也就是说，对于那些正在成长的小男孩，我们不能说他具备男性特征，只能说他具备男性特征潜能，他的男性特征是在父母后天的教育中形成的。

为了男孩们能够健康地成长，能够让男孩更像男孩，使男孩的成长密码发挥应有的作用，父母们应该怎样做呢？

### 步骤一：

从小给男孩贴上性别的标签。

一般来说，两三岁的时候，男孩会对自己产生性别认同，四岁左右性别意识会不断地得到强化，五六岁的时候，性别意识已经成熟了，他会真的认为自己是一个男孩，会像男孩一样地为人处世。

所以，父母应该从男孩一出生就给他贴上“性别的标签”，比如给他穿男孩的衣服，用对待男孩的方式来对待他，给他玩男孩的玩具，教会他男孩说话和为人处世的方式等，通过父母的这种慢慢的性别强化，男孩就会越来越坚强勇敢，像个小绅士，表现出男孩的特征和个性。

### 步骤二：

父亲的榜样作用，母亲的激发作用。

一般来说，男孩男性特征的获得有两种途径：一是通过模仿父亲或其他男性而获得；二是被母亲或其他女性激发而产生。

父亲应该发挥自己在男孩成长中的榜样作用，让男孩产生性别认同。在男孩的成长过程中，父亲应该把自己的勇敢、坚强、乐观、责任感、领导力等品质展现在男孩的面前，让这些品质来影响男孩，最终这些品质也会潜移默化地出现在男孩的身上。

父亲的作用很重要，母亲的激励作用也是不能忽视的。任何一个男孩与母亲的关系都是这样的：母亲凡事包办，表现得过于强大，男孩就会以“弱者”自居，其能力就得不到锻炼；母亲表现得“能力有限”，男孩就会以“强者”自居，从而表现体谅母亲、保护母亲的意识。所以说，为了最大限度地把男孩的男性特征激发出来，母亲就应该把自己

女性柔弱的一面、渴望被保护的一面表现出来。这样才能使男孩显示真我的风采——勇敢、坚强、大度、冷静。

## 男孩大脑结构的缺陷和优势

一位妈妈在博客中这样写道：

我的儿子俊俊，好像天生就迟钝，做事情总是比别人慢半拍，一岁多了，连简单的爸爸妈妈都叫不清楚，那时候看着比他小三个月的表妹都学会说话了，感到很着急。

两岁半的时候教他画画，结果他总是学不会握笔，而他的小表妹这时候不仅会唱会跳，还会握笔涂鸦。

现在他上小学二年级了，成绩一般，特别是语文一团糟，因为拼音学得不好，很多字都拼不正确，组词和造句也都做得一塌糊涂，我都不好意思看他试卷上的大红叉。每次的语文考试他总是70多分，怎么教也提高不了。数学成绩倒是每次还能考90分以上。总体来说，他的成绩和他表妹的成绩是没有办法比的，小姑娘的语文每次都是90多分，说话口齿伶俐，组词和造句都难不倒她。拿着两个人的试卷一看，简直是天壤之别。

最郁闷的事情还在后面，每次给他买一件新玩具，他玩不了几天就弄坏了，不玩了。生日的时候，他爸爸花100多元钱给他买了一辆电动汽车，结果没有玩几天就被他拆成一块一块的，就这样，他还在继续嚷着让我们给他买玩具。

难道真的是我的儿子脑子比别人笨吗？想想就头疼，真不知道该怎么来教育孩子，希望各位父母能够支支招。

看了俊俊妈妈的博文，有很多父母在下面留言说自己的儿子也和俊俊的表现差不多，也很苦恼。

其实俊俊妈妈的疑惑，也是很多父母的疑惑。难道自己的孩子真的比别人笨吗？当然不是。这些都是由于男孩和女孩的大脑结构不一样造成的。正是因为男孩和女孩大脑的组织结构不一样，才形成了男孩和女孩各自的优势和劣势，这和男孩的智商是没有关系的。

我们的大脑皮质是一层薄薄的神经细胞组织，大约只有五六张名片那么厚，但它却主宰着我们的智慧。很多性别所造成的行为差异正是源于两性大脑功能分布上的差异。

通过解剖和电脑成像，科学家已经发现，在大脑结构上，男女每个脑叶都有差异。哈佛大学医学院的歌德斯坦与同事测量了一些皮质区的体积，并算出每个区占整个脑容量的比例。他发现，男女之间存在7个截然不同的区域，在比例上有些区女性较大，有些区男性较大。比如，在女孩的大脑中，负责表达和处理复杂情感（如忧伤和幻想）的区域更发达，相对而言，男孩大脑中对于一些简单、直接情感（如恐惧和愤怒）的区域更大。

尽管人类大脑的两半球各司其职，但是这两个半球并非是完全孤立的，而是依靠神经纤维束相互连接，这个纤维束被称为“胼胝体”。男孩大脑中胼胝体的体积小于女孩大脑中胼胝体的体积，换句话说，男孩左右脑之间的联系是相对较少的，而女孩同时调动左右脑的能力则更强一些。

因为女性大脑半球之间的联接异常发达，所以中风的女性能很快恢复过来。相比之下，男性患者就没那么幸运了，他的恢复过程比女性慢，而且不如女性恢复得彻底。

当女性大脑的部分结构遭到破坏时，大脑半球之间丰富的连接就派上用场了。这些连接能代替被破坏的部分继续工作。这也许能够解释，为什么老师在同样教导学习成绩不好的女生和男生的时候，女生的进步要比男生快。因为女生能够很快利用大脑左右半球之间的联系，来理解和相信老师的教导，而男生对那些语重心长的教导却不会有太大的反应。

的确，男孩大脑的这种结构，对他而言既有优势也有缺陷。医学界也提出了这样一个观点：父母的教育态度和方法会对男孩的大脑发育产生影响，会对他大脑后天发育的形状和具备的能力也产生影响。也就是说，经过后天的练习，男孩大脑的那些缺陷是可以弥补的。

那么，父母应该怎样来帮助男孩弥补这种缺陷呢？

### 步骤一：

培养男孩的语言能力。

前面我们已经提到过，男孩不仅比女孩学会说话要晚，他的语言表达能力也比女孩差很多，这就需要父母的后天培养。

1. 大声读书给男孩听。父母可以时常在家里大声地朗读一些故事或者念一些古诗词给男孩听，也可以通过录音磁带或者一些光盘来代替自己念，这样就可以从小培养男孩对语言的兴趣。

2. 鼓励男孩多说。在男孩开始学习表达的时候，难免会出现口齿不清、表达不清的情况，这样就需要父母鼓励他多说。在外面看见一些美好的事物的时候，可以及时地鼓励男孩描述出来。

### 步骤二：

教男孩一些与他人相处的技巧。

对于男孩来讲，他最不擅长的就是体察他人的内心世界了。这样他就不太会和别人相处，人际交往相对较差。父母可以逐步地引导男孩学会了解他人的内心感受，引导他换位思考，这样才能加深男孩的理解。父母要鼓励男孩多和别人交往，要多带他去参加一些社交活动，让他见识一下，大人之间是如何交往的，通过这种方式让他学习一些交往的技巧。

### 步骤三：

培养男孩热爱学习的习惯。

男孩的特质使得他比较喜欢动，没有耐性，所以他在学校里也缺乏耐心，加之在学习上没有女孩进步快，这样就会使得他出现厌学或者害怕学的心理。这就需要父母及时地引导，不要给男孩压力，要鼓励他轻松面对学习，养成良好的学习习惯。只要他尽力了，就应该提出表扬。

## 男孩入学不易早

5岁的陈路被妈妈从被窝里拎出来，上学的时间到了，但陈路还没睡醒，他不情愿地哭起来。虽然这样的情况不止一次了，但这次不一样，陈路要上小学了，以后他还要学着自己去上学，妈妈对他充满了期待。同院的晨晨，今年也是5岁，要跟陈路一起去上小学，晨晨本来可以继续上幼儿园的，但晨晨妈听说陈路要上小学了，她也让晨晨去，认为这样孩子就可以早点毕业，将来年龄上有优势。两位妈妈一合计，决定一起想办法把孩子早点送入小学，将来也好早点成才，不在幼儿园浪费时间。

尽管法律明确规定，年满6周岁的儿童才可以入学，这是符合教育规律的，也是许多专家多年试验和研究的最好入学年龄。但是很多父母往往忽略了这一点，想让男孩早点入托入学。有些父母是因为工作忙，没有时间照顾孩子；而有些父母是因为自己盼望男孩早点成才的期望，就像上文中的两位妈妈那样。

然而，这些父母都犯了一个错误，那就是忽视了男孩的成长规律。一般来说，与女孩相比，男孩的智力发育相对缓慢，大约比女孩晚6～12个月；男孩在完成精细动作所需的协调能力方面发育得尤为迟缓，所以他比女孩学会握笔的时间要晚；女孩大脑左半球的发育早于男孩，因此，女孩的词汇运用、拼写和记忆能力也比男孩发展得好；在小学阶段，男孩的运动神经仍在发育，他仍处在“粗放式发育”阶段，因此他无法老老实实地坐很长时间。所以他常会做一些让老师认为是粗鲁和不当的举止行为，并因此受到老师的批评。

由此我们可以看出，男孩心智发展慢，自理能力和自我约束能力不如女孩，接受和思考问题的能力也不如女孩。女孩一上学在记忆、拼写等方面就具备了男孩不可战胜的优势，这在无形之中就对男孩造成了一定的心理压力和伤害。很多男孩认为：学校是女孩的天下，是她们喜欢的地方。此外，由于心理年龄的差异，上学过早的男孩在和同学们交流的过程中也会感到困难，这样直接影响男孩的心理发展。

中国青少年研究中心副主任孙云晓说，5岁男孩的大脑语言区发育水平只能达到3岁半女孩的水平，因此，除极个别超常儿童外，父母千万不要让男孩在6岁前入学。孙云晓还表示，在整个小学阶段，男孩的心理发展和生理发展总体落后于女孩，然而，人们往往要求男孩和女孩在相同时间内以同样的方法学习同样的知识。这些发育上的差异往往使男孩被视作愚笨或赤迟钝。这可能使他从一年级开始就讨厌学校。

所以说，父母们不应该揠苗助长，让男孩过早地进入学校，过早地承担学习的压力。这样不但难以使男孩过早成才，还会使他的身心因受到太大的压力而产生挫折。很多心理学家和教育学家都曾给男孩的父母提出这样一个建议：让男孩晚一年入学。

那么，父母应该怎样做呢？

**步骤一：**

改变对男孩的态度，耐心等待暂时落后的男孩。

父母在了解了男孩的成长规律之后，就要及时地改变自己的态度。要逐渐认识到男孩其实也是脆弱的，不能一开始就打击他的自信心。如果条件允许的话，父母可以鼓励男孩晚一年入学，这样进入学校里，男孩和那些比他小一岁的女孩在一起学习，理解和接受能力和女孩不相上下，这样也有助于树立他学习的信心。

**步骤二：**

全面做好男孩入学前的准备工作。

男孩的语言能力不及女孩，因此父母们在孩子入学之前要对他进行语言方面的训练，提高他的口头表达能力。因为男孩在完成精细动作的时候所需要的协调能力发展得也比较缓慢，所以父母们可以在家中教会他使用铅笔和橡皮，教会他数数、写自己的名字以及简单的汉字。这种"笨鸟先飞"的办法，可以使男孩在上学后，能及时地适应学校的环境和氛围。

**步骤三：**

尽量在入学之前让男孩学点特长。

在男孩上学之前，父母可以根据他的兴趣爱好，培养他的一些特长，比如画画、舞蹈、弹钢琴、下围棋等等，因为具有这些特长，上学之后，男孩就能积极地参与课堂教学，能够很好地和同学们沟通交流，有助于建立良好的人际关系，最重要的是帮助男孩树立他的自信心。

### 步骤四：

让男孩尽情地享受玩的乐趣。

爱玩、好动是男孩的天性。但是父母和学校出于安全考虑会限制男孩的这种天性，这样对男孩的成长来说是不利的。父母们应该让男孩在学习之余，能够尽情享受玩的乐趣，同时还可以采取寓教于乐的方式，在和男孩玩游戏的时候开发他的智力。这些对他的成长是极有好处的。

### 步骤五：

对男孩“因性施教”。

女孩比男孩更容易安静，在学习的时候进步也比男孩快。针对男孩和女孩不同的学习方式，父母应该“因性施教”。不要过多地批评那些调皮捣蛋、坐不住的男孩，要知道这是他的天性，可以针对他的这一特性采取鼓励的方式来引导他积极地投入学习之中，这样才能收到良好的学习效果。

## 男孩是天生的冒险大王

雅丽是一位3岁小男孩的妈妈，面对淘气的儿子，她每天都提心吊胆的。这不，雅丽正在办公室给同事诉苦呢。“你不知道，我那个儿子每天都让我头疼，前天他爸爸不在家，我一个人在厨房做饭，突然听到什么东西‘咚’的一声响，跑进客厅一看，原来是儿子正在练习从窗台上往下跳。当时我吓得不行，幸好他是在家里活动，窗户上都安装了防盗网。昨天晚上带他去小区玩滑梯，别的小女孩都是坐着溜下来的，可他竟然趁着我不注意把头朝下，倒着溜，幸好我及时看见，把他拉了下来，不然还不知道会怎么样呢？”

虎子是一个5岁的小男孩，长得虎头虎脑的，十分可爱，但是这么一个可爱的小男孩在妈妈的眼里却也是一个冒险大王。爸爸抽烟用的打火机放在茶几上，虎子偷偷拿出去和小朋友们一起玩点火，因为好玩，还把一位小朋友的作业本给烧了。幸好被那位小朋友的妈妈发现及时地给制止了。周末，奶奶一个人在家看孙子，打了个盹，结果一觉醒来孩子不见了，房间的门是反锁的，孩子出不去啊，奶奶在房间里面到处找他，突然间听见浴室里面有水声，一看，原来是虎子趁着奶奶睡觉的间隙，放了一浴缸的水，正在里面扑腾呢。当时把奶奶吓坏了。

是的，在伴随小男孩长大的过程中，父母都有这样的感觉，小家伙太爱冒险了，太让家人操心了。

尽管父母觉得自己每天都生活在提心吊胆当中，但是男孩偏偏就是喜爱冒险和刺激。一个不到3岁的小男孩，看见家里面开着的饮水机，自己总想跑过去开一下；一个4岁的小男孩，看见家里电源插头的黑洞，总想用小手指去捅一捅；还有一些小男孩喜欢在家里爬上爬下，跳来跳去的；最危险的就是有小男孩搬着小凳子，站在窗边，学习小飞人。再长大一些，他看见爸爸的摩托车，觉得骑着很威风，于是他偷了钥匙去尝试，结果弄了一身伤回来；更有甚者，偷了妈妈的车钥匙去飙车，结果被交警发现及时地拦下。

看男孩从小到大的冒险经历就好比是在看一部惊险的美国大片。刚到一个转折的时候，以为后面不会那么恐怖了，结果后面的比前面的更“精彩”，当然也更让父母担心。让父母疑惑的是，为什么男孩天生就比女孩喜欢冒险呢？心理学家的研究证明，男孩体内的荷尔蒙睾丸素是“罪魁祸首”——睾丸素的大量分泌，使得男孩需要一些冒险的行为去释放自己的能量。

所以说，父母要理解男孩在成长过程中的一系列的冒险行为，要明白这是男孩认识和探索世界的方式，他们总是对世界上的一切事物充满着好奇的心理，总想要弄个明白。

那么，父母应该怎样正确对待男孩的这种冒险行为呢？

**步骤一：**

父母要理解并包容男孩的冒险行为。

从生理上来讲，男孩的冒险行为是自己无法控制的，是天生的，所以说，父母要给予理解和宽容。尽管大多数父母都喜欢那种安静、乖巧的小孩儿，但爱玩、好动是每个男孩的天性，我们不能嫌弃和管制得太严。父母要明白男孩的爱动和爱冒险是他成长中的一部分，要正确看待，并且要加以正确引导，这样才能开发男孩的智力。

**步骤二：**

鼓励男孩积极地尝试他感兴趣的新鲜事物。

现在不少父母都希望自己的男孩能有出息，把男孩的时间全部禁锢在学习上，在学校要学习，回家后还要在父母的监督下学习。这种重复又单调的生活，会抹杀男孩的冒险精神，不利于男孩的健康成长。父母应该鼓励男孩在课余时间积极地尝试他感兴趣的新鲜事物，这样会让男孩觉得生活充满乐趣，而这种不断地探索，也能使他学到除了学习之外的很多有趣的知识，能够增长男孩的见识，开阔他的视野。

**步骤三：**

帮助男孩认清冒险的性质。

现在的不少男孩觉得生活没有味儿，想来点刺激活动，给自己的生活增添乐趣。这时候父母就需要帮助他分清冒险和刺激的差别。要告诉男孩哪些冒险活动需要专业的培训后才可以参加，不能贸然行动。现在他要做的就是好好学习，锻炼身体，全面地培养自己各方面的能力，将来才能面对更大的挑战，取得更大的成功。

### 步骤四：

支持男孩健康安全的冒险行为。

父母应该支持男孩在安全的状态下参加一些冒险活动，这样可以使得他在实践中加深认识。父母应该在自己“帮助和保护男孩”的愿望和男孩完成冒险的需要之间找到平衡点，这样才有助于男孩树立良好的自我意识，提升自信心，积极地面对生活，积极地面对挑战。

### 步骤五：

允许男孩犯错误。

父母应该认识到，冒险行为就好比男孩的性格特点一样，所谓“江山易改，本性难移”，这种爱好冒险的心理，将会持续到男孩的青少年时期，随着生活阅历的增长，男孩最终会从错误中学会谨慎。所以说在男孩小的时候，面对他的冒险行为，不要一味地禁止。要允许他犯错误，在男孩犯错误的时候，父母不要对他横加指责，而要帮助他找出改正错误的办法，让男孩学会从错误中汲取经验教训，这样他以后才不会犯类似的错误。

## 浓重的英雄主义情结

10岁的斌斌特别爱打抱不平，看见不平的事情一定会出手相助。这天斌斌放学回到家，妈妈发现斌斌早晨刚换的干净衣服脏兮兮的，书包带子也被扯断了，脸上还有抓痕。看见孩子这个样子回来，妈妈吃了一惊，便问斌斌是不是和别人打架，刚开始斌斌怎么也不肯说，后来妈妈说你要是不说，我明天找你们老师问问，看看你是不是在学校和同学打架了。

听妈妈这样说，斌斌才急了，他告诉妈妈，自己不是在学校和同学打架了。而是刚才在放学的路上看见几个小霸王欺负一个一年级的小同学，他实在忍不住，就上去教训那几个小霸王，结果对方人多，他打不赢，后来还是一位路过的老爷爷及时地帮助他解了围，要不然他会被打得更惨。

听了斌斌的叙述，妈妈很担心，这个孩子从小上幼儿园的时候就爱打抱不平，现在还是一点也没有改。斌斌小的时候就喜欢看黑猫警长和蝙蝠侠，喜欢伸张正义，喜欢英雄。记得4岁的时候在幼儿园，斌斌也和小朋友打过一次架，那次是因为他旁边一个小男孩抢了一个小女孩的玩具狗熊，然后小女孩就哭了。斌斌看不过去，就想帮助女孩要回玩具，结果和那个小男孩打了一架，脸上还挂了彩，衣服也被撕破了。那次妈妈告诉他以后不要打架，没想到他说："我就是要做黑猫警长，要抓坏蛋，我就是不喜欢坏蛋！"

斌斌爱打抱不平并不是个案。男孩都喜欢英雄，都渴望自己成为强大的英雄。比如，一提到警察叔叔，男孩常常会流露出崇拜的表情，他们喜欢玩警察抓小偷的游戏，喜欢争着当警察。他们喜欢孙悟空，喜欢奥特曼，喜欢蝙蝠侠，所以他们嘴里总是念叨着："我要当孙悟空""我要当奥特曼"，还有些男孩甚至让父母给他买来蝙蝠侠的黑披风，整天披着，呼啸来去，以为自己真的是蝙蝠侠了。除此之外，他还喜欢那些打打杀杀的游戏，希望在游戏里面扮演打不倒的英雄。

是的，每个男孩都有一种本能的英雄情结，他总是同情弱小，希望正义永远战胜邪恶；他常常幻想自己能够身怀绝技，与恶势力作斗争，让自己成为人们心目中的英雄。所以当男孩看到有人恃强凌弱、以大欺小时，他就会毫不犹豫地出手相助。他的这种爱管闲事、爱打抱不平的习惯，让父母很是担忧。

心理学家说，男孩的“英雄主义”是男性区别于女性的很明显的心理特征之一。这种心理特质在很小的时候就可以观察到，比如男孩都钟爱玩具枪、坦克、汽车等倾向力量型的玩具。

为什么男孩的英雄情结那么深呢？心理学家们研究发现，这一切都是由睾丸素造成的。因为睾丸素的存在，男孩长到5岁的时候，会对战斗、英雄行为、冒险以及需要花费极大精力的游戏产生越来越浓厚的兴趣；到14岁时，男孩的睾丸激素含量达到最高值，促进肌肉增长，降低脂肪存储，增加力量，这时期的男孩会焦躁不安，攻击性也更明显；直到男孩二十四五岁时，他的身体逐渐适应，情绪才会平静下来。但他还是渴望竞争和有所作为，渴望保护别人。

专家认为，男孩的英雄主义是值得鼓励的，但也需要父母进行合理的引导，使这种英雄主义行为符合社会规范，使男孩在行侠仗义的同时不违反法律规则，不要让自己莽撞地陷于各种纠纷。

那么，父母应该怎样来引导男孩的英雄情结，使他成为真正的男子汉呢？

### 步骤一：

满足男孩当英雄的心理。

首先，在生活中，妈妈可以在儿子面前示点弱，让儿子为自己“遮风挡雨”，这样可以满足男孩当英雄的心理，还可以让男孩帮助自己做一些力所能及的家务活。当男孩因为打抱不平而去打架的时候，父母不要发脾气批评男孩，应该先表扬他的英雄行为，接下来要告诉男孩一些合理的帮助他人的办法。

### 步骤二：

让男孩知道什么是真正的英雄。

父母要告诉男孩作为一个真正英雄应该是正义和英勇行为的综合体现。英雄不是靠和别人打架，也不是靠自己的力气蛮干，而是要运用智慧来巧妙地帮助别人。此外，父母还要告诉男孩，做英雄也要考虑自己的行为是否安全，还要考虑自己的实际情况，尽力而为。

### 步骤三：

告诉男孩在英勇行为中要学会保护自己。

一个真正勇敢的英雄必是一个懂得保护自己的人，一个人连自己都保护不好，何谈保护别人呢？所以说父母可以给男孩讲解一些在紧急情况下保护自己的知识，要学会运用自己的英勇和智慧巧妙地摆脱困境或者险境。

### 步骤四：

利用男孩心目中的英雄来改正男孩的缺点。

很多男孩心目中都有自己认可的真英雄，父母可以利用这一点来引导男孩改正缺点，培养他的好习惯。比如调皮捣蛋、爱挑食、不讲礼貌、不爱学习等等。父母可以利用男孩心中的英雄的一些行为教导他，这样不仅能让男孩改正自己的缺点，养成好习惯，而且也可以通过对他的严格要求，使他向着更高的目标前进。

## 当头儿是每个男孩的理想

鹏鹏的妈妈去幼儿园接儿子放学的时候，老师又留下她谈话，原来鹏鹏今天又和同学打架了。原因是鹏鹏和同学涛涛在课间的时候比赛看谁跳得远，跳完后两个人争执不休，都说自己是跳得最远的，争着争着就动起手来了。结果鹏鹏一个不小心，一拳把涛涛的鼻子打得流血了，涛涛大哭不止。

元元放学回家后，怒气冲冲地坐在沙发上生闷气，妈妈一看儿子的神情，也不去写作业，还以为是儿子受了谁的欺负。一问才知道原来是今天在放学回家的路上，元元和好朋友刚刚玩“龟兔赛跑”，看谁跑得快，两个人到达终点的时间相差无几，到了最后，谁都说自己是小白兔，是冠军，接下来两个人边走边争执，越争执两个人之间的怨气和怒气就越大。最后元元还和妈妈说：“刚刚要不是我最好的朋友，我真想揍他一顿，明明是我先到的，他非要说是他先到的，气死我了。”

看，男孩都是这样，天生喜欢当头儿，喜欢和别人竞争。他们喜欢在自己所参与的活动中把别人打败，自己成为那个头儿。其实这并不奇怪，美国的艾里姆夫妇在名为《养育儿子》的书中也曾提到：“走进男孩的世界，我们会发现，在任何场合，男孩最关心的事情都是：谁是头儿？一般来说，男孩到了一个新的班级，首先想到的是：谁是班长？认识了一群新的小伙伴，他最急切地想知道的还是：谁是这群人的头儿？”

男孩为什么天生喜欢竞争呢？这还是和他体内的睾丸素的分泌直接相关，这种荷尔蒙让他们拥有强烈的竞争欲望。即便在成年男性的世界里，竞争现象依然普遍存在，一位行为学家曾说：“在任何一场男人之间的比赛中，如果你看到输的一方真诚地向赢的一方道贺，那可能是假象。其实，败场的男人想的是下一次如何把对手打败。”



对于男孩来说，他的这种天生喜欢当头儿的竞争意识，如果父母加以正确地引导和培养，就会成为促进男孩不断前进的力量，对他身心的健康发展都具有重大意义：正确的竞争可以激发男孩的求知欲望；提高男孩的参与欲望，使得他可以及时地抓住机遇；可以增强男孩的自信心，使男孩产生成就感；可以提高男孩抗挫折的能力；最后，还可以增强男孩的集体主义精神。

那么，父母应该怎样正确引导男孩当头儿的愿望呢？

**步骤一：**

满足男孩当“头儿”的心理。

每个男孩都喜欢当“头儿”，事实证明，男孩一旦当了头儿，就会全心全意地把事情做好，会变得积极乐观起来。父母在生活中，可以让男孩适当地当当头儿，比如在家庭生活中，每周或者每个月抽一两天让男孩来做小“当家”，让他全面地掌握家中的财政大权，负责一家人的日常生活和用度，让他深切地感受到金钱的来之不易和父母的辛苦。还有可以让男孩当一天监督员，监督全家人的坏习惯，这样也可以促使他改正自己的坏习惯。

**步骤二：**

帮助男孩树立正确的竞争观念。

父母要告诉男孩，有竞争心理是对的，但一定要正当竞争、正确认识竞争。竞争中不能互相诋毁，也不能不择手段地战胜对方，竞争应该是一种对双方都有利的行为，比如同学之间的正当竞争可以促进学习，胜利了可以增强信心，失败了吸取教训。父母还要引导男孩和同学之间应比学习、比纪律、比能力、比进步等，而不是比吃喝玩乐、穿着打扮，以此来培养男孩优良的作风和良好的精神风貌。

**步骤三：**

端正男孩的竞争心态。

有些男孩的竞争欲望过于强烈，好胜心特别强。父母这时候就要帮助男孩端正心态，要让他平静地看待成败，教育男孩在竞争中要学会宽容。应让男孩明白竞争不应该是狭隘的、自私的，竞争者应具有广阔的胸怀。有些男孩嫉妒别人比自己做得好，生怕自己被别人超越，所以暗中使坏。这时父母要启发男孩在竞争中表现出高尚的情操，不要通过一些不光彩的手段来打击别人，提升自己。让男孩意识到竞争应是齐头并进，以实力取胜。

### 步骤四：

转变观念，巧妙运用男孩的竞争心理。

父母都比较喜欢那些“听话”和“乖”的男孩，但是从目前社会的发展需要上来看，应该鼓励男孩积极地参与正当的竞争，培养他敢说敢当、勇于创新的精神。有时候在面对男孩不听话或者不思进取的时候，父母可以运用一些小智慧来“激”他一下，小男子汉往往最受不了别人“激”他，这样他就会主动地做父母希望他做的事情了。

### 步骤五：

培养和发展男孩的个性。

人的个性品质中的能力、性格、气质、意志以及需要、动机、兴趣、爱好、信念、情感等，能反映人的能动作用和主体意识，和一个人的创造力、竞争能力是紧密地联系在一起的。这就是说，男孩的个性和他的竞争力是联系在一起的。父母可以根据男孩的实际情况，培养他的兴趣爱好，培养他的特殊的本领和才能，这样才能让男孩适应激烈的竞争需要。父母可以从男孩小的时候就开始培养他的竞争意识，比如在学习上，还有生活上。

## 旺盛的精力让男孩调皮捣蛋

悦悦是一名4岁的小男孩，在妈妈的眼里，他的精力旺盛得过了头，每天在家里爬上爬下，一会儿把抽屉弄翻、一会儿把家里的CD弄得满地都是，要不就是满墙地涂画。有时候妈妈实在觉得孩子很烦，不想管他，一个人在客厅里面也玩得不亦乐乎，嘴里一会儿嚷着：“我是蜘蛛侠，我来了。”一会儿又嚷着：“我是孙悟空，看我的金箍棒，打扁你。”边嚷，嘴里还拿着一根棍子做动作。几乎就没有停下来休息过一会儿。

在幼儿园里他也一样是精神十足，午觉不好好睡，课堂上坐不住，跟别人说话，揪同桌的头发，小动作不断。有一次，老师在教小朋友们学习手指游戏，其他小朋友都在认真地学，他却突然旁若无人地做着“打枪”动作，嘴里还嚷着：“警察打坏人啦！警察打坏人啦！”让老师很无奈。

很多男孩都像悦悦一样，他们的顽皮常常搞得鸡犬不宁，而他们自己却以此为乐。为此让父母和老师都很头疼，有时候难免会抱怨：这个孩子到底是怎么了，精力这么旺盛。

是的，男孩不像女孩那样喜欢安静地坐着，喜欢拿着毛毛熊自己在一边安静地玩。男孩就喜欢调皮捣蛋，喜欢尝试任何事，不论是锤子、剪刀、秋千或三轮车，他都可以自如地玩耍或使用。走起路来活蹦乱跳，在家里上蹿下跳，喜欢爬树爬高，喜欢动不动就为了一点小事和同学打架。父母经常会感慨：养个男孩真是不省心，他总是在惹麻烦，却还乐此不疲。

美国儿童教育专家的一项专题研究显示，在学龄前的幼儿中，精力过剩所占比例不小于10%。男孩精力过剩的具体表现因人而异，大多数聪明好动、反应灵敏、好奇心强、感情丰富，往往比一般同龄男孩更为顽皮。

他们的调皮捣蛋让一些父母和老师对他们充满偏见，认为他们是“朽木不可雕”“差生”“问题男孩”。这些“问题男孩”因为在学校经常“闯祸”，所以他们的父母便成为老师的“座上客”，动不动就要被老师请到学校，和男孩一起接受老师的“教育”。父母为此都很生气，禁不住批评男孩，有时候甚至给他一顿暴打。但是很少有父母会仔细分析一下，孩子为什么会出现这样的问题，难道他的精力真的用不完吗？

当然不是。由于男孩体内存在着大量睾丸素，这些睾丸素对男孩心情和精力的影响甚至超过了生长激素，男孩因其而变得精力旺盛，脾气狂躁。

其实，精力旺盛的男孩不都是“问题男孩”，他们中有一部分人还会成为班级里品学兼优的班干部。这是因为睾丸激素使这些男孩精力旺盛，注意力集中，而且具有很强的领导能力。

所以，父母要采取正确的方式来引导“问题男孩”，引导他把旺盛的精力放在一些有意义的事情上，这样孩子就会变得十分出色。如果父母忽视这一点，或是没有耐心引导，任由他胡作非为，或是无端压制他，这些男孩就会到处惹是生非，寻求发泄精力的途径。专家指出，对精力过剩的男孩要因势利导，而不可任其自然发展。

那么，父母应该怎样引导这些精力旺盛的男孩呢？

### 步骤一：

心平气和地看待男孩的调皮捣蛋行为。

父母要认识到很多时候男孩的调皮捣蛋行为是他的好奇心的需要，是他在求知、在探索，如果父母一味地打压他的这种行为，反而会适得其反，会使他的调皮捣蛋行为变本加厉，所以说父母要满足他的好奇心。比如男孩对家里的电插孔感兴趣，父母就要拿专门的测电笔引导他来认识，还可以给他讲解相关的知识，男孩明白之后，就会转移兴趣了。

### 步骤二：

让男孩对自己的行为负责。

男孩因为调皮捣蛋闯祸之后，不少父母的第一反应就是帮助男孩收拾乱摊子。其实，父母不应该太迁就男孩，应该让他为自己的行为负责。比如他因为调皮捣蛋而弄坏了同学的音乐盒，这时候父母就要和他商量，要扣除他两个月的零花钱来赔偿同学一个新的音乐盒。这样通过让他为自己闯祸负责的方式，下次可以让他汲取经验教训来减少自己的破坏性行为，同时还可以培养他的担当精神。

### 步骤三：

适当地鼓励男孩去尝试，要尊重男孩。

男孩想做的事情就一定要做，有些时候，虽然在爸爸妈妈的要求下暂时没有做，但是当父母转过身去做自己的事情的时候，他还是会继续自己的行为，这样还不如鼓励男孩去尝试。父母还要尊重男孩，面对男孩的问题不要粗暴地打骂，而是要和他商量，通过商量来定协议，这样男孩就会严格地要求自己遵守协议。

### 步骤四：

注意培养男孩的自制力。

一般来说，男孩都没有耐性，喜欢惹事、爱用武力来解决问题。所以父母要培养男孩的自制力。培养男孩的自制力，不是说强迫男孩怎么样，而是要遵循男孩的兴趣，比如用书法、画画、围棋来培养他的注意力和自制力。父母还可以帮助男孩制订学习计划，养成作息规律的好习惯。

### 步骤五：

冷静面对“问题男孩”，要使男孩的过剩精力得到正当宣泄。

有时候调皮捣蛋的男孩的确让人很生气也很无奈，但是父母一定要控制自己的情绪，要冷静地面对男孩的状况，知道他的问题所在，找出问题的根源之后再对症下药，帮助男孩想办法解决问题。男孩的精力是比女孩旺盛，父母可以通过让男孩参加一些有益身心健康的活动来宣泄他的精力。比如，父母可以带着男孩参加一些体育活动或是带着男孩去参与一些公益活动、社团活动等。

# 第三章

# 穷养精神

## ——打造阳刚的男子汉

### 培养男孩的男子汉气质和素养

一位妈妈在和别人分享自己的育儿经时说：

在我的儿子默默小的时候，我就很注重培养他的男子汉气质和素养。记得刚开始学走路的时候，他总是摔跤，每次摔倒了，我和孩子的爸爸都不去扶他起来，我们会说："默默是个小男子汉，摔倒了要自己爬起来哦。"在默默能弄清男孩和女孩的区别的时候，我开始认真地给他灌输男子汉的概念，男子汉要学着照顾别人，尤其是比自己弱小的女孩儿，不能欺负别人。

当默默5岁的时候，我就让他一个人睡觉，尽管刚开始他不适应，但是为了更好地做一个男子汉，他还是乖乖地去自己的房间睡觉。当他再大一些，有时候我也会故意装得很软弱，给孩子表现勇敢的机会，比如打雷的时候，我会说："默默，妈妈好怕闪电怎么办?"他就会像个真正的小男子汉一样，让我闭上眼睛，靠在他的肩膀上，他帮我捂着耳朵。在他8岁的时候，一天晚上我突然发起了高烧，他爸爸在外地出差，当时家里只有默默和我。看我烧得不轻，默默主动说："妈妈，我背你去医院吧。"他当然背不动我，后来还是默默搀扶着我去的医院，到了医院，他学着他爸爸平时带他看病的样子，跑前跑后地给我帮忙，连医院的护士都忍不住称赞他。

现在，默默已经12岁了，他会在我遇到委屈的时候帮我打抱不平，在我难过的时候会安慰我，看我下班回来累了，会主动帮我做家务；出外买东西，他会主动地帮我拎包。看着儿子越长越大，我觉得特别欣慰。

当然，在我们的周围经常会看见像默默这样的小男子汉，他们阳光、开朗、勇敢、坚强，尽管他们还小，但是他们总是在尽力地履行一个男子汉应该履行的责任。

不过，也有一些男孩，在遇到不顺心的事情时就会不停地抹眼泪，懦弱、胆小，做起事来扭扭捏捏，说话嗲声嗲气，在他的身上找不到一点男子汉的气质。

这些都是父母的不同教育方式培养的结果。有些父母喜欢把男孩当女孩养，家里本身就一个孩子，觉得娇惯点没有什么，但是时间久了，随着男孩慢慢地长大，他就会变得趋于女性化，比较胆小怕事。有些父母，对男孩特别溺爱，不允许他受一点风吹雨打，因为没有受到过挫折，这样的男孩承受能力特别差，特别没有责任感。这样培养出来的男孩，不仅没有男孩的气质和素养，并且会出现种种心理问题，给他的成长带来不利的影响。

一个男孩只有具备男子汉的气质和素养，才会受人欢迎，不仅如此，这样的男孩更乐观，更容易取得成功。

那么，父母应该怎样帮助男孩来培养他的男子汉气质和素养呢？

### 步骤一：

尊重男孩的个性。

男孩生性好动、顽皮、胆子大、好奇心强，甚至有点“野气”，常常“惹麻烦”，所以父母往往对之很不耐烦，有时就狠狠地批评男孩，甚至动手。其实这样不但起不到教育效果，还给男孩带来反感，父母要遵循孩子的个性去教育，不能压制男孩个性特点的正常发展，否则男孩的胆子会越来越小，不像个男孩。

### 步骤二：

让男孩多参加户外活动。

户外活动是男孩最喜欢的事情，也是能使男孩个性得以体现的时候，比如打球、爬山、划船等等。父母要尽可能多地陪男孩到户外游戏、玩耍，进行体能活动，特别是父亲要负担起这一重任。在活动过程中，男孩会体验到冒险带来的刺激和成功带来的喜悦，而且耐力、敏捷性都能得到很好的锻炼，并且孩子的身体也会得到锻炼，会长得壮实、健硕。

### 步骤三：

培养男孩的独立性。

父母不应对男孩过度保护，过度代劳，在家里要将男孩当作真正的男子汉，给他独立做事的机会，独立思考自己面临的问题。比如，多鼓励男孩表达自己的意愿，学会作出决定的方法。当孩子习惯于自己思考时，孩子的独立性就上升到了一个新的台阶，这也为孩子今后的独立发展奠定了最牢固的基石。独立性是男子汉的典型标志。

### 步骤四：

锻炼男孩的胆量和意志力。

胆量和意志力是男孩气质的最重要表现，也就是男孩要有良好的心理承受能力和坚强的意志。所以父母要注重这方面的培养，首先是培养男孩的自信心，自信是胆量和意志力的基础，是男孩成长与成才的翅膀，男孩应经得起各种摔打。在家庭教育中，父亲是男孩的男性榜样，要给男孩鼓励、支持，缺少父爱的男孩会“人格缺钙”。

### 步骤五：

培养男孩对社会和家庭的责任感。

那么，父母应该引导男孩积极地关注社会的发展，关注社会上的各种事务，培养他的社会责任感。这样会激发男孩的潜能，有助于他更好地发挥自己的潜力。还要引导男孩关爱家人、关注家庭，让他学会帮助家人排忧解难，学会做家务。人要有责任感、要尽义务，而男人更是这两样事情的主体。所以，要让男孩有男孩气质，就得特别注意从小培养男孩的责任心、义务感。

### 步骤六：

培养他善良、宽容的品格。

要培养男孩宽广的心胸，不能为了一点小事就斤斤计较，要培养他的善良、宽容的品质。面对弱者要有同情心和悲悯心，为人要正直。要能够宽容别人的错误，原谅别人的过失，这才是男子汉。

## 不可忽视的性别教育

付翔生下来10个多月的时候，爸爸妈妈因为工作非常忙，无暇照顾孩子，就让乡下的奶奶把他带回老家。奶奶因为喜欢女孩，一直想要一个孙女，所以总是给付翔穿漂亮的小花裙子，还给他买来漂亮的发卡带着，给他扎漂亮的蝴蝶结。加上付翔的性格比较文静，所以周围的邻居见着他总是说："这孩子像个小姑娘似的，真漂亮，又听话。"而爸爸妈妈因为工作忙，距离远，一年到头也只有一两次机会抽空来乡下看看付翔，来去匆忙，也没有时间顾及太多。

付翔因为从小就和奶奶一起生活，加之周围的人都赞美他像个漂亮的女孩，所以他的性别意识也渐渐淡化，他总是喜欢和村子里的小姑娘们玩，整天混在一群女孩中，如果你不仔细看，根本不会发现他是一个小男孩。

就这样，一直到付翔5岁的时候，爸爸妈妈才把他接到城里上幼儿园。奶奶也跟着来到了城市，继续照顾孙子。谁知第一天上学的时候，付翔就很自然地跟着女生一起进了女厕所，幸好老师及时地赶来，把他带进了男厕所。接下来的时间，付翔在幼儿园也只和女孩玩，不管做什么事情都喜欢和女生黏在一起。时间久了，幼儿园的小男孩们都暗中笑话他。有一次他和一个小男孩闹别扭，那个小男孩生气地说："我才不要和你这样的娘娘腔一起玩呢！"听到这里，同学们哄地一下笑了，"付翔是个娘娘腔，羞羞，羞羞。"听同学们这样叫，付翔一下子就懵了，第二天他说什么也不愿意去幼儿园了，不管家人怎么说，他就是不去幼儿园，爸爸妈妈也不知道该怎么办才好。

的确，现在大多数家庭都只有一个男孩，这也给不少父母造成了遗憾。再生一个也不可能，所以有些男孩的妈妈就会像付翔的奶奶那样，给孩子梳个小辫，穿上花裙子，靠男孩女养来满足自己的心理需要。刚开始的时候，男孩和大人都会觉得很好玩，但是时间久了，对男孩就会造成不良的影响，最重要的是会模糊男孩的性别概念。所以说父母不能按照自己的好恶一意孤行，而应该从男孩出生的时候就开始对他进行性别教育。

性别教育是男孩对自身了解的启蒙，也是男孩形成健康人格的基础。专家介绍，男孩的性别角色意识，从3岁以后就开始建立了，而真正形成性别角色意识是在男孩进入青春期之后，但幼儿阶段所受的影响要比青春期所受的影响大得多。因此，父母对男孩从小就要进行适当的性别教育，传授给他一些基本的生理知识和自我保护意识，让孩子对自己有一个最基本的认知。

专家指出，父母在性别教育上的误区或缺失很容易造成男孩性别角色的错位，带给男孩的将是心灵的扭曲和伤害，对男孩进行正确的性别角色教育是非常必要的，这不但关系到男孩日后正常的社会交往、恋爱、婚姻、家庭生活，还会影响其心理发展。性别教育最终的目的就是帮助男孩养成健全的人格。

那么，父母应该怎样对男孩进行性别教育呢？

### 步骤一：

对男孩进行性别教育越早越好。

早期进行性别角色教育是一种很有效的方法，尤其对于男孩，将有助于培养他的男子汉气质以及坚强的毅力和大无畏的性格，还有助于他增强责任心。一般来说，男孩到了四五岁时，因为渐渐地有了与其他孩子相处的经验，因此也有了自己的性别与其他孩子不同的“抽象性”思考概念，父母可以趁此机会对男孩进行性别教育，让他及早地意识到自己是个小男子汉，男子汉要有担当，要敢作敢为，要有绅士风度。

### 步骤二：

父母要强化男孩的性别意识。

3 岁前男孩的主要性别标签是穿衣打扮和玩具游戏方式。这时候父母应该给他穿男孩的衣服，玩男孩的玩具，让他与男孩一起玩，告诉他是小男子汉，要坚强勇敢。但是也有些父母觉得这时候男孩还小，可以趁此机会给他穿漂亮的女孩衣服，这样比较好玩，又可以满足自己没有女孩的遗憾。这种想法和做法都是错误的，因为这个年龄的男孩就是通过自己的外形来识别与发展性别角色的，父母这时候让他打扮得像个女孩，他就会慢慢地觉得自己真是女孩，这样会妨碍男孩性别意识的正常发展。

### 步骤三：

重视父亲在男孩性别角色形成中的重要作用。

有研究表明，父亲与男孩的相互交往，在母亲与男孩交往相衬托和对比的情况下，有助于男孩对男性和女性的作用和态度产生理解；这方面如果没有父亲的参与，男孩的男性特征和女孩的女性特征都将因没有鲜明对比而受到削弱。4 岁前不与父亲一起生活的男孩在性别角色上趋于女性化。

所以说，在男孩的成长过程中，不能缺少了父亲的参与。不管做父亲的工作再怎么忙，都应该抽出一定的时间来陪伴男孩。比如父亲可以带着男孩一起去郊游、一起去打篮球、踢足球，做一些男人应该做的运动，这样才可以培养男孩坚强的品格和顽强的毅力。父亲也可以在陪着男孩一起洗澡的过程中，告诉男孩一些关于性别的事情，这样才更容易赢得男孩的认同。

### 步骤四：

对男孩进行“双性化”教育，鼓励他向异性学习。

美国心理学家曾对两千余名儿童作过调查，结果发现一个非常有趣的现象：过于男性化的男孩和过于女性化的女孩，其智力、体力和性格的发展一般较为片面，智商、情商均较低，具体表现为：综合学习成绩不理想（特别是偏科现象严重），缺乏想象力和创造力，遇到问题时要么缺少主见，要么固执己见，同时难以灵活自如地应付环境。相反，那些兼有温柔、细致等气质的男孩，兼有刚强、勇敢等气质的女孩，却大多智力、体力和性格发展全面，文理科成绩均较好，往往受到老师和同学的喜爱。成年后，兼有“两性之长”的男女在竞争激烈的现代社会里，更能占据优势地位。

所以说，父母应该鼓励男孩在发挥自己“性别”优势的基础上，注意向异性学习，克服自己性格上的弱项，促进身心的全面发展和人格完善。这在心理学研究中叫做“双性化”发展，有助于男孩兼收并蓄，在未来的发展中表现出更灵活的适应性和创造力。

## 让男孩远离软弱

肖博文垂头丧气地回到家，衣服上都是土，脸上还有伤痕，妈妈吓了一跳，赶紧问他是怎么回事。问了半天，肖博文才对妈妈说，课外活动时，班上的一名男生和他抢篮球的时候被打的。妈妈问：“告诉老师没有？”他摇摇头。“为什么不告诉老师呢？”犹豫了半天，肖博文才怯怯地对妈妈说：“我害怕。”“你又没有做错事情，怕什么？”第二天，妈妈送孩子上学的时候，向班主任老师反映了情况。老师问是班上的哪个同学打的，肖博文半天也不吭声，什么也不说，妈妈急得真想揍他一顿。后来妈妈通过和老师的交流了解到，肖博文在学校是属于很老实的那类学生，总是不言不语的，同学们见他这样都喜欢和他闹着玩，尤其是班上的一些男同学，每次别人抢他的东西或者欺负他，他总是默默地坐着，不还手，或者继续做自己的事情。妈妈听了老师的话，联想到孩子平时的表现，不免忧虑起来，这孩子现在就这么软弱，以后怎么办？怎么才能适应社会的需要呢？

在生活中，我们也会见到像肖博文这样性格软弱的男孩，他一般比较被动、退缩、胆小、害羞、缺乏独立性、过分依恋亲人、在生人面前不敢说话等。父母也都知道软弱是男孩性格上的一种缺陷，对他的身心健康有着深远的影响，应该及早矫治，但是却不去反思是不是自己的教育方法上出了问题。

专家告诉我们，男孩的性格之所以软弱，与父母对男孩的教育不当有着不可推卸的责任。

一是父母的过分关怀造成男孩的性格软弱。不少父母生怕男孩受一点苦，总是对男孩的一切进行包办代替，男孩没有锻炼的机会，什么都不会做，导致性格上的软弱。

二是父母不恰当的表扬方式造成男孩的软弱。很多父母知道表扬对孩子很重要，于是对男孩没有原则地表扬，使得男孩的行为向不良方向发展，比如只爱听好话，受不得批评等，性格也变得软弱起来。

三是父母喜欢用批评、责骂、恐吓等不良方式教育男孩，或喜欢强制性地控制他。这样让男孩失去基本的尊重、自信而变得软弱，害怕做错事。

四是不和谐的家庭环境以及父母偏爱的影响。有些父母喜欢经常在男孩面前吵嘴打架，也有些父母过分地偏爱男孩的兄弟或者姐妹，对他过于忽视，这些都会使得男孩缺乏安全感而变得软弱。

一般来说，性格软弱会造成男孩害怕竞争，害怕承担责任，这样他不仅不能适应激烈的社会生活，长大之后还会严重影响男孩的生活和事业发展。因此，一旦父母发现男孩表现出性格意志的缺陷，就应及时对他进行帮助和正确的引导。

**那么，父母应如何让男孩远离软弱呢？**

**步骤一：**

让孩子学会生活，把握自己。

父母的包办代替是孩子形成软弱性格的重要原因之一。不少父母喜欢帮助男孩包办一切，十分溺爱男孩，对男孩百依百顺，要什么给什么，能给的给，不能给的他们也要创造条件来满足男孩的需求，平时的家务活自己一手包揽，男孩连碗都没有洗过一次，这样会让男孩失去独立生活的能力，会让他变得胆怯，做事总是畏畏缩缩的，怕这怕那，形成软弱的性格。要培养孩子成为强者，父母首先要鼓励男孩做力所能及的事情，学会生活，这样男孩才有底气改变软弱。

**步骤二：**

让男孩多接触同伴，在与人交往中锻炼自己。

孩子的模仿能力比较强，父母可以鼓励那些性格软弱的男孩多接触一些大胆、勇敢的小伙伴，这样在和这些男孩玩耍的过程中，他会变得大胆起来，会不知不觉地作出一些他平时根本不敢做的事情。通过和别的孩子的接触，男孩会变得大方、热情起来，这样对他性格的培养不失为一种好的锻炼。父母可以鼓励男孩多交朋友，并且可以给他创造交往的机会，带他去一些男孩多的地方玩耍。

**步骤三：**

鼓励男孩大胆说话。

父母在男孩面前不要急躁，要冷静，不能打骂和责备他。有些脾气暴躁的父母还会逼迫不敢说话的男孩说话，这样做并不能帮助男孩，父母应该鼓励男孩和小伙伴一起玩，或者是邀请小伙伴来家里玩，给他们创造良好的条件，让他无拘无束地玩耍，这样玩到兴头上，男孩不经意间声音就会变大。

### 步骤四：

尊重男孩，用正面的教育方式替代负面的教育方式。

父母应该尊重男孩，相信他的能力，给他独立处理事情的机会，也可以让他做一些比较具有挑战性的事情，在做事情的过程中才能培养男孩的自信心。此外，父母还要经常肯定和鼓励男孩，看到他的进步和成功，男孩也会用积极、肯定的眼光来看待自己，他会变得自信、坚强、勇敢起来，面对各种困难的时候，他就不再胆怯了。

### 步骤五：

保护孩子的自尊心。

性格软弱的男孩一般都比较内向，感情较脆弱，自尊心强，父母尤其要注意保护男孩的自尊心。比如不要用特别严厉的话批评男孩，不当众揭男孩的短。如果确实需要指出孩子的缺点，应在肯定孩子的前提下，用提建议和希望的口吻指出他的不足，这样才能很好地保护孩子的自尊心。

## 坚强和勇敢是男孩的“品牌”

一位苦恼的妈妈说：

我儿子今年都上小学四年级了，还是让人很操心。在学校因为和同学闹矛盾或者挨了老师的批评，他就不想去上学了。和他爸爸下围棋的时候，输了就大哭，一次考试成绩差了，就心情沮丧，不吃饭，谁劝也不行。每次生病的时候，更是拿他没辙，他害怕打针、吃药，死活不愿意去医院。一旦遇到不顺利的事情，很容易产生退缩心理。我都不知道该怎样做才能让他变得勇敢起来。

现在，很多父母都有这样强烈的感觉：男孩太胆小怕事、吃不了一点苦，有一点困难就开始退缩，而他的坚强勇敢不知跑到哪里去了。其实，这样并不奇怪，据各种调查表明，胆小、缺乏冒险和勇敢精神成了相当一部分孩子突出的情感缺陷之一。

所谓冰冻三尺，非一日之寒。男孩缺乏坚强勇敢的精神，究其深层的原因，是父母对男孩过于溺爱，从出生到成长一直把他保护在自己的羽翼之下，有不少父母，即使男孩在自己的面前玩耍，也担心会有危险，更不要说让男孩出外探险了。所以，现在的男孩大多数整天待在家里，不是学习就是看电视、上网，因为缺乏和同龄人的交往，他变得不爱与人接触，变得内向、胆小，更害怕冒险和面对各种困难。这样的孩子连最基本的生存能力都不具备，何谈坚强和勇敢呢？

还有一种情况，一些父母认为，男孩只要成绩好，能考上好学校，将来能获得好工作就可以了，坚强和勇敢与学习成绩一点关系也没有。其实这种想法是错误的，男孩在学习的过程中也会遇到各种困难，如果没有坚强和勇敢，他就难以攻克难关，继续努力下去。

记得曾经看过这样一句话：你若失去了财产，你只失去了一点；你若失去了荣誉，你就丢掉了许多；你若失去了勇气，你就把一切都失掉了。可见，勇敢精神在一个人的生命中占据着重要的地位。

每个男孩在成长的道路上都会遇到这样或那样的困难和挫折，而他缺乏了坚强和勇敢，就会变得没有耐心，难以做到持之以恒，也就很难取得成功。所以明智的父母应该从小就重视培养男孩坚强勇敢的精神，这样才能让男孩在以后的人生道路上平安地闯过一道道难关，渡过各种艰难险阻。

那么，父母应该怎样来培养男孩坚强和勇敢的精神呢？

### 步骤一：

鼓励男孩坚持自己的主张。

有不少父母总是喜欢强迫男孩什么都听自己的，那样只会让他变得胆小怕事。所以说，有时候父母可以鼓励男孩坚持自己的主张，自己认为正确的就要去执行，这样男孩不管遇到什么样的困难都能够顽强地坚持下去。

### 步骤二：

不要把男孩当成弱者。

有些父母总是觉得男孩还小，不愿意让他去经受生活中的风风雨雨，有问题、有困难都是自己代替他处理，这样是行不通的。心理学家研究发现，如果父母按照自己心中对男孩的定位来培养男孩，那么男孩就会变成父母所想的那样。所以说，父母一定要把自己的儿子想成是一个勇敢坚强的男孩，他能够自己处理好自己的事情，放手不去管，让男孩自己锻炼，时间久了，男孩也就真的变得勇敢坚强了。

### 步骤三：

让男孩吃点苦。

俗话说，吃苦是福，父母应该让男孩从小多吃点苦，因为养尊处优的男孩是经历不了任何困难和挫折的；不能克服困难，男孩的自信心就会受到极大的打击，他可能变得一蹶不振。而吃过苦的男孩就不一样，他会从容不迫地去面对困难，冷静地想着各种解决困难的办法。所以父母不妨让男孩从小多吃点苦，这样他才能拥有坚强勇敢的性格，才能经得起生活的风霜雨雪。

### 步骤四：

鼓励男孩去尝试、去冒险。

父母应该给男孩机会，让他去尝试、去冒险，要相信他的能力。只有这样，男孩才能从实践和锻炼中提高自己的各种能力。在男孩遇到困难的时候，父母要多鼓励他，让他相信自己的能力，充满自信心，这样才能充分地激发他的潜能，让他去展示自己的才华。只有去尝试、去锻炼，才能逐渐培养出男孩勇敢坚强的精神。

### 步骤五：

多给男孩讲一些坚强和勇敢者的故事。

父母可以让男孩阅读书籍或者自己给他讲述一些勇敢者的故事。男孩往往会对故事中的英雄人物感兴趣，这样会使他在心中树立勇敢的榜样。有时候父母也可以通过生活中具体的英雄人物和事迹来对男孩进行及时的教育。只有这样，才能使男孩明白不论做什么事情，都要勇敢和坚强，一个人只有具备了勇敢和坚强的精神，才能克服重重困难，最后取得胜利。

### 步骤六：

引导男孩积极锻炼，强壮体魄。

健康的身体是培养男孩坚强性格的重要的基础。一个身体虚弱的男孩，除了三天两头上医院之外，遇到困难的时候也会因为没有好身体的支撑而坚持不下来。所以说父母要引导男孩积极地锻炼身体，有空的话可以让男孩坚持每天跑步，也可以带领男孩去打篮球、踢足球，只有这样，男孩才会有强壮的体魄，才会有信心、有勇气。

## 告诉他，男子汉应该自己爬起来

下面是一位小学三年级男孩的日记：

上周三是我的生日，爸爸妈妈送了我一双我盼望已久的旱冰鞋。周末，我就央求妈妈带我去学滑旱冰。来到旱冰场，看见很多人都在里面自由自在地滑着，我别提有多羡慕他们了。于是我迫不及待地穿好了旱冰鞋，由于以前没有学过滑旱冰，这是我第一次穿上旱冰鞋，感到脚下很滑，两只脚一点也不听使唤，刚站起来就摔了个大跟头，引得周围的人都哈哈大笑。这时候旁边有一个大哥哥，想伸手扶我起来，妈妈看见了便说："让他自己爬起来吧，男子汉这点疼怕什么。"大哥哥点点头，对我报以灿烂的笑容，然后快速地滑走了。虽然我有"全副武装"，胳膊上有护腕，手上有护手，不至于摔伤，但是第一次摔倒还是有点痛的。

看着妈妈鼓励的目光，我于是强忍着身上的疼，挣扎着爬了起来。这次我学聪明了，先看看周围的人是怎么做的。只见他们身体前倾，两脚要分开，形成外八字状，手臂随着滑旱冰的节奏，很自然地左右摆动，双腿微张，并随着左右手的节奏，交替向前迈步。

于是，我也学着他们的样子滑了起来，但是旱冰鞋像是故意和我作对似的，还没有滑两步，我又摔倒了。妈妈这时候在场边上又鼓励我："男子汉要自己爬起来哦。"于是我再次站起来。后来我虽然摔倒了一次又一次，但是我一次又一次地爬起来，继续练习，最后终于掌握了滑旱冰的要领，能够自如地滑了，周围的大哥哥大姐姐们还夸奖我悟性好，学得快呢。



在回家的路上，妈妈问我今天收获了什么，我说："学到了要不怕摔跤，摔倒了要自己勇敢地爬起来，这样才是真正的男子汉。”妈妈点点头说：“以后你一定要把这种不怕摔跤的精神用在学习上和其他的地方，只有这样你才能不断地取得成功。”

孩子摔倒了怎么办？很多父母的第一反应是赶紧扶孩子起来，要是他哭了，还要哄着他别哭。当然也有一些父母会像上文中的那位小男孩的妈妈一样说，让他自己爬起来。

然而，我们经常会看见这样的现象：刚刚蹒跚学步的男孩摔倒了，父母会一个箭步冲上去把他扶起来；男孩在学校受了一点委屈跑回来，父母就会找老师理论；在男孩渴望独自面对生活的时候，父母还是对他照顾得无微不至，什么也不让他做；在男孩受到一点委屈和伤害的时候，父母总是挺身而出，他们自认为这是自己给予男孩最好的爱。但是，前苏联教育家马卡连柯指出：“父母亲对孩子的爱不够，孩子会感到痛苦。但是，过分的溺爱虽然是一种伟大的情感，却会使孩子遭到毁灭。”

在人生的旅途中，每个人都不是一帆风顺的，都会经历种种的酸甜苦辣，会经历种种的挫折和困难，如果父母在男孩年少的时候帮他撑起雨伞来遮挡人生的风雨，帮他扛起所有的过错，那么，这样的男孩长大后是经受不起任何的挫折的。父母必须认识到，很多事情需要男孩自己去体会和承受，或许会很艰苦，或许会无比难熬，但是只有男孩自己经历了这个痛苦的过程才能破茧成蝶。所以说，父母不要做男孩的拐杖，应该放手让他自己去攀登，让他靠自己的努力去克服困难，这样他才能顽强地实现自己的梦想。

心理学专家告诉我们，在男孩摔倒后，父母采取什么样的态度和处理方法将会直接影响到男孩勇敢、坚强等人格品质的形成。所以说，在男孩摔倒之后，父母应该鼓励他自己爬起来，这样才能培养出勇敢、坚强、耐挫的男孩来。

那么，具体到生活中，父母应该怎样做呢？

### 步骤一：

不做男孩的“拐杖”。

有些父母过分地担心男孩的安全，在他摔倒之后赶紧跑过去，大惊小怪，又是抱又是亲地安慰男孩。其实父母应该消除自己的紧张情绪，该放手的时候就要放手，鼓励男孩摆脱对拐杖的依赖。男孩在受到父母的鼓励之后，会勇敢地爬起来继续前进。

### 步骤二：

为男孩设置必要的障碍。

一个坚强的人，必是小时候受到过种种的挫折。所以明智的父母会制造种种“磨难”来考验男孩，让他多吃点苦。比如，假期的时候鼓励男孩去打工；平时有机会也可以把男孩带到社会上，让他开开眼界，见见世面，多摔打摔打。在适当的时候可以让男孩去办点比较困难的事情，鼓励他自己处理遇到的问题和困难。

### 步骤三：

教男孩凡事再坚持一下。

如果一个人前进了九十九步，就剩下了最后一步，他因为力气耗尽而没有前进，那么他也是失败的。就好比登山，如果一个人前面很有劲爬得很快，而快到达顶峰的时候却放弃了，那么这个人是永远也不会欣赏到最漂亮的风景的。所以在男孩前进的过程中，父母要鼓励他坚持再坚持，可能就是这么一小步，失败和胜利已经是泾渭分明了。

### 步骤四：

培养男孩乐观的态度和坚强的毅力。

我们每个人在前进的过程中难免会遇到各种各样的失败，有些人在失败之后就一蹶不振，再也爬不起来了。父母要鼓励男孩以乐观的态度去看待成败，只要自己尽力了，问心无愧，结果也就不是那么重要了。有了这种乐观的心态，男孩才能克服困难，勇往直前。再有就是要培养男孩坚强的毅力，一个人有了毅力才能坚持到底，做事才能有始有终。

### 步骤五：

启发男孩，并鼓励他尝试。

男孩有时候面对他觉得有困难的事情或者一些新事物的时候，会有一种害怕的心理，因为害怕，他不敢去尝试。这时候父母就要鼓励他试一试，可以有启发性地问男孩，“你觉得该怎么办好呢?”在尝试的过程中要允许男孩失败，只有这样，男孩才能放下包袱轻装上阵。

## 增强男孩的心理承受能力

15岁的刘伟是一名初三的男生，正值花季年龄的他却在不久前跳楼自杀了。为什么呢?

原来刘伟所在的中学，每个月都要组织一次月考，考试后会按照分数从高到低来排名次，有不少班级的老师为了公平起见，也会按照学生的考试成绩，让他们按照自己的名次依次进去选座位。在最近这两个月的考试中刘伟的名次不断地下降，从原来的班级第5名下降到了班级的第12名、第19名。因为成绩下滑得厉害，刘伟受到了班主任老师的严厉批评，以往选择座位的时候他可以在前面先进去选择自己想坐的位置，但是最近因为成绩下降，他进去的时候很多好位子都被同学选走了，他坐的位置也不理想，他觉得很丢人。心里的压力一时得不到排解，他越来越苦闷，最后从教学楼的五楼跳了下去。他的死，让周围的老师和同学都觉得很遗憾，本来成绩很不错的一个人，很有希望考上好高中、好大学，就因为两次考试成绩不好，就因为受到老师的批评，就因为自己坐的位置不理想而自杀，太遗憾了。

刘伟的例子并不是个案，浏览最近一段时间的报纸或者网络新闻，我们经常看到这样的报道：一名小学生因父母的几句呵斥而离家出走；一名高中生因为承受不了巨大的压力而自杀；还有不少大学生、研究生因为种种的不顺心而跳楼；一些职员因工作环境中的些许不如意而愤然辞职；一些让人羡慕的“精英”与“天才”，却在轻微的挫折中陷入消沉无法自拔，甚至爆发出攻击他人和自我毁灭的行为。

为什么会出现这样的现象呢？最重要的原因就是他们的心理承受能力太低了。

人的心理承受能力是人的心理素质的一个重要组成部分，良好的心理素质是实现人生价值必不可少的条件。心理承受能力强的人，一般都有正常的人格，正确的自我意识，与集体、社会协调一致。但是现在不管是我们的学校教育还是家庭教育，都忽略了对孩子的心理承受能力的教育。这就使得我们的孩子因为心理承受能力弱而出现了不少的心理问题，如离家出走、自杀、焦虑、厌学、厌食、孤僻、恐惧等等。因此父母在开发男孩智力的同时，应该培养男孩自信、自重、百折不挠的品性。增强男孩的心理承受能力，已成为现代家庭教育的焦点问题。



我们每个人都生活在社会中，参与社会生活，难免会遇到这样那样的压力、困难和挫折。一个心理承受能力强的男孩，会表现得情绪稳定，意志顽强，积极进取。他敢于冒险，乐于尝试新鲜陌生的领域，面对挫折和变化也能保持乐观，百折不挠，愈战愈勇。而一个心理承受能力弱的男孩，会表现得退缩、耐性差、懦弱、焦虑和自卑，面对困难，他缺乏坚持，面对自己不熟悉、不擅长的领域，他宁可不做，因为不做就不会输。所以我们可以看出，一个男孩的心理承受能力如何，直接关系到他的人生是否幸福，事业是否成功。

那么，我们的父母应该怎样帮助男孩提高他的心理承受能力呢？

### 步骤一：

教育男孩要学会放弃，积极地调整自己的情绪。

现在有不少的孩子喜欢贪多求全，比较喜欢争强好胜，别人能行的我也一定能行，而不去分析自己的实际情况。父母应该引导男孩要学会放弃，有时候做一些自己不擅长的事，不仅做不好，还会给自己带来压力，不如放弃，然后去做自己擅长的事，那样更容易取得成功。自己做不好一件事的时候要学会分析，看是否是自己最适合的，不管是不是自己擅长的，都要积极地调整自己的心态，然后视情况而定是放弃还是坚持到底。有时候放弃并不是一件坏事，至少可以让男孩更好地认识自己。

### 步骤二：

训练男孩的吃苦精神。

父母可以根据男孩的年龄和身体成长情况，对他进行体验痛苦的教育和训练，这样可以增强他的痛苦意识，加深他的情感体验。古希腊哲学家柏拉图说过："当把快乐、友谊、痛苦和憎恨都植根于儿童心灵的时候，他对这些性质固然不明白，但一旦获得了，就会发现这些都是相和谐的。"所以训练男孩的吃苦精神是十分必要的，他只有酸甜苦辣都尝试过了，以后遇见类似的情况才能及时调整自己的心态，乐观去面对。

## 步骤三：

对男孩进行挫折教育，培养他的抗挫折能力。

父母在合适的时候要对男孩进行挫折教育，要通过挫折让他明白，成功和失败都是人生的常态，没有必要那么计较。失败也不是什么大不了的事情，应调整心态，继续再来一次也许就成功了；而成功并不是那么遥不可及的事情，只要自己继续努力，就能够成功。让男孩不要害怕失败，年轻的时候失败几次，这样才能变得更加坚强。

## 步骤四：

及时帮助男孩排解心理压力。

在学习、生活的过程中男孩难免会出现一些他无法承受的心理压力。例如学习成绩下降、遭遇家庭不幸、被他人威胁、侮辱等等。这时候男孩的情绪会非常低落，心理的压力也超出了他的承载能力，如果不引导他及时地发泄一下，可能会给他带来种种不利的影响。这时候就需要父母和老师及时地疏导，帮助他调节情绪，比如跟男孩谈心，解开他思想上的疙瘩，帮助男孩分析原因、解决问题等。

## 步骤五：

尽量少奉承男孩，以免滋生他的骄傲情绪。

父母对男孩提出表扬的时候要合理，不要奉承他，一味迎合男孩的心理需求，会使男孩变得任性，经受不起任何挫折，遇到一点不顺心的事就受不了，就会产生种种消极心理。所以说，父母要尽量少奉承男孩，要引导他承担他应该承担的责任，尽他应尽的义务，还要让他分清对错，这样他就会正确积极地处理自己所遇到的每一个问题。

## 运动，用汗水彰显男性魅力

孙彬今年上小学五年级，11 岁的男孩，不到一米六的身高，却有 150 斤的体重。同学们都叫他孙胖子。这个小胖子十分懒惰，平时走路没走几分钟就喊累，同学们叫他打篮球，他推托说自己手疼，喊他踢足球，他说自己脚疼，其实就是他懒，不想动，所以他的体重是只升不降。

最近学校召开运动会，因为长得胖，什么项目都和孙彬无缘，看着同学们积极地为班级作贡献，孙彬十分惭愧，于是他回家对妈妈说自己要运动减肥，妈妈当然大力支持。于是全家人一起商量，帮助孙彬制订了一个减肥计划。每天早晨，孙彬早起半个小时，在爸爸的带领下出去慢跑半个小时，晚上回来，吃完晚饭，写完作业，要出去散步半个小时。周末，爸爸妈妈就带着他一起去爬山或者是去运动场打羽毛球，有时候爸爸也陪着他一起打篮球。经过几个月的坚持锻炼，孙彬的体重在直线下降，他发现自己渐渐地喜欢上了运动，运动不仅让自己不再肥胖，并且也远离了疾病，班上的同学也越来越喜欢他了，以前他不喜欢运动，同学们都不喜欢和他一起玩，现在他的篮球打得特别好，班上的同学打球的时候总是喜欢叫上他，为此他还和几个队友变成了无话不谈的好朋友。而班上的女生也越来越欣赏他了，总是问他是怎么减肥的。孙彬终于发现原来运动的男孩才是最有魅力的。

在平常的生活中，我们会发现现在的小胖子越来越多了，有很多像孙彬这样的男孩。而这些男孩并不都像孙彬这样“醒悟”去减肥、去运动。其实，孩子的运动量过少已经是一个让我们难以忽略的问题。

调查显示，随着学习负担的加重，年级越高，说自己运动量不足的比例越高：小学中年级、小学高年级、初中分别为30.5%、51.1%、69.8%。学生运动量不足的主要原因多种多样，高达70%的孩子回答是因为“没有时间”，38.7%的孩子认为“没有合适的场所”，34.9%的孩子说“没有人跟我一起运动”。据调查发现，中小学生每天体育运动时间平均为32.9分钟。一周内没有进行体育运动的占26.1%，不足半小时的占21.2%，半小时至1小时的占35.9%，1小时以上的占16.9%。事实上，除去每天课间的广播体操时间，学生自主支配的体育运动时间微乎其微。

那么，父母对男孩参加体育运动又是一个什么样的态度呢？据悉，有相当一些父母认为“男孩的学习是最重要的，有时间才可以运动”；有的父母认为男孩学习好，不生病就行了，没必要花费专门的时间进行锻炼；有的认为要使男孩身体好，就要吃好、营养好，运动健身被排斥在家庭的日常生活之外。

青少年时期是人生中的一个关键时期，身心生长发育有较大的可塑性，体育运动对青少年的身心发育、健康成长有重大的影响。男孩在这一时期参加体育运动，对他的成长来说有下面一系列的好处：

1. 运动能使男孩的骨骼长得硬朗结实，个头长得高大，而且肌肉组织也能得到充分的营养，最关键的是有利于男孩的头脑发育，使男孩更加聪明。

2. 多进行一些户外活动可以增加男孩身体耐寒耐热的能力，更可以增加身体对外界刺激的适应力和抵抗力，增强体质，预防疾病。

3. 运动能使男孩具有良好的情绪和心理素质，培养抗挫能力，提升顽强的意志力。值得一提的是，男孩和父母一起运动还可以加深他们之间的感情。



4. 据专家研究的结果资料显示：体育锻炼更能使儿童养成开朗、

勇敢、坚毅、团结、遵守纪律、热爱集体的优良品质和一定的独立生活能力。

5. 可以培养男孩养成其他的良好习惯，这是男孩能力的积极迁移，引导得好，对男孩在学习、做家务、做游戏等各方面的成长都会很有利。

由此可以看出，一个人在青少年时期养成良好的运动习惯，将会让他受益一生。

那么，父母怎样才能培养男孩健康的运动习惯呢？

### 步骤一：

选择适合男孩的运动项目。

男孩的运动应该以身体锻炼为主，父母可以鼓励他参加跳绳、骑车、游泳、体操、打球等项目。不同的运动项目可以产生不同的锻炼效果。父母可以根据男孩的身体状况，来选择适合他的运动项目。一般来说，男孩的身体素质哪方面欠缺就多练哪方面，比如男孩因为功课忙，用眼疲劳，可以让他通过打乒乓球、羽毛球、排球和篮球来预防眼睛近视；而男孩的耐力不够，可以让他选择游泳、长跑、跳绳等项目来进行训练。父母可以按照男孩的运动兴趣由少到多、由易到难地逐步增加锻炼项目，只有多种运动项目兼顾进行，才能全面锻炼男孩的身体。

### 步骤二：

运动要量力而行，防止对男孩的身体造成伤害。

对于男孩来说，进行体育锻炼不能超出他身体的负荷，一般来说，中小强度的负荷和坚持经常性的小负荷量的锻炼对促进他的生长发育及身体素质的全面提高是不可缺少的。在进行运动的时候，父母要根据男孩身体素质的具体情况，来决定他适合什么运动项目，一般应选择趣味性较高、危险性较低的运动参与，这样才能避免发生对男孩身体造成伤害的事故。

### 步骤三：

引导男孩运动锻炼生活化。

据专家介绍，每天都有 1～2 小时形式多样的体育锻炼时间，可以让男孩从小开始形成“运动惯性”，当他长大之后，就会对运动形成上瘾式的“依赖”，实现长期坚持锻炼。而根据美国心理学家拉施里的动物记忆试验，行为主义心理学者认为，一种行为重复 21 天就会变成习惯性动作，90 天的重复会形成稳定的习惯。父母应该掌握这些规律，引导男孩来进行运动。父母可经常带领男孩一起运动，可以和男孩一起追寻运动的乐趣，这样才能让男孩愉快地运动，让他爱上运动，让他的生活离不开运动。

# 穷养本领
## ——能力是男孩的金铠甲

### 思考能力——头脑风暴助男孩一帆风顺

男孩两三岁的时候，父母就会发现他已经很爱问问题了，比如，看见天上的飞机，有些男孩会好奇地问：“爸爸，飞机为什么会飞那么高啊？它长翅膀了吗?”看见鱼缸里的金鱼吐泡泡，他会问：“妈妈，为什么鱼会吐泡泡啊?”听妈妈给他讲大灰狼和小红帽的故事时，他会问：“狼的肚子真的那么大吗？真的能一口气把小红帽吞进肚子里吗?”可以说，这是男孩思考的初始。接着男孩慢慢长大，步入幼儿园、小学、中学，随着他认识的加深，思考的问题也越来越多，越来越复杂。

父母都希望自己的男孩很聪明，有过人之处。但是聪明的男孩不是那种只会背《唐诗三百首》、会背圆周率的小数点后面一千多位数字的男孩，而是那种真正会思考的男孩。大教育家孔子在几千年前就说过：“学而不思则罔，思而不学则殆。”只有经过自己思考之后理解的东西，才能记忆深刻，才能算学会了；而没有经过思考的东西，即使学会了，很快也就忘记了。可见，思考在男孩学习成长过程中的重要性。

著名数学家华罗庚曾说过，思考能力是科学研究和创造发明的一项必备才能。要想有所成就和建树，思考能力必不可少。思考就是头脑的风暴，在激烈的思维碰撞和交融中，会产生无数的创意和力量，促使个人和社会的进步。

培养男孩的思考能力无疑很重要。

然而，在现实生活中，我们往往看到的是这样一番景象，父母把男孩的一切都安排妥帖，使得男孩根本没有机会去自己思考、自己解决问题。

今年峰峰上小学五年级，每次做家庭作业的时候，爸爸总会坐在旁边，他哪个题目不会了，抬头就问爸爸，名牌大学毕业的爸爸便毫不犹豫地给儿子讲解。当时儿子是懂了，题目也做对了，但是不久在考试中，碰见同样的题目，峰峰就不会做了。爸爸觉得儿子真笨。

峰峰要看《马小跳》系列书籍，妈妈一口气给他买回来10本，他不到一个星期就看完了，妈妈让他讲给家人听听，他说自己已经忘记了。妈妈明白了，他一定是囫囵吞枣地看了一遍，所以看过的知识还是还给书本了。也正因为这样，峰峰虽然看了不少作文书，但是写起作文来还是乱七八糟。妈妈给他报了作文培训班，半学期下来，还是一点长进也没有。

家里每个人都有一把钥匙，峰峰每次回家，要是爸爸妈妈没有回家，他总是不进门。后来妈妈觉得很奇怪，明明儿子是有钥匙的，难道钥匙没有带吗？一问才知道，峰峰根本不知道钥匙怎么用，他总是插不进钥匙，有一次左插右插好不容易钥匙插进去了，但是他还是没有打开门，原因是他不知道钥匙该往哪个方向旋转，最后他还是索性放弃，因为麻烦，只好等爸爸妈妈回来开门。妈妈听了之后，很是吃惊，但是随即开始反思：是她和峰峰的爸爸把孩子惯坏了，弄得峰峰现在见了一点麻烦就想逃避，就想依赖他们。看来必须要采取措施来提高峰峰的思考能力和动手能力了。

上文中峰峰的问题，相信很多父母在培养男孩的时候也遇到过，最典型的一幕就是男孩写作业的时候，父母坐在旁边，男孩只要不会，父母就开始给他讲解，有些脾气暴躁的父母在讲解之后孩子还是不会，就有可能开始打骂了，根本不留给孩子一点点思考的时间。慢慢地男孩的思考能力就越来越差，越来越懒惰，什么都不愿意动脑子思考，这样做的结果不仅学习下降，而且孩子在生活上也会变得越来越依赖父母。生活能力、自理能力几乎为零，这样培养出来的男孩是经不起风雨的。

一个善于思考问题的男孩，在遇到问题的时候能想到的办法有很多，这就意味着他的解决问题的能力就很强。而男孩的思考能力和爱思考的习惯不是生来就有的，需要父母在家庭教育中慢慢培养。

那么，父母应怎样培养男孩爱思考的习惯呢？

### 步骤一：

给男孩营造一个思考的氛围。

父母要善于给男孩营造一个思考的氛围，不管是带着孩子一起去植物园、动物园、科技馆、博物馆，还是在家里看电视，都要多问孩子为什么，比如看到了什么，听到了什么，这样来启发男孩进行思考。平时孩子有了什么稀奇古怪的想法不要扼杀，而是要支持和保护他的想法，并且鼓励他去发现、去探索。平时在家中也要引导孩子多思考，允许他发表自己的见解，接受孩子合理的建议，这样他会受到鼓励而更爱思考问题。

### 步骤二：

给男孩提供独立思考的机会。

父母在和男孩相处的过程中，遇到事情要与他协商，要留有思考的余地，不要遏制他的想法。比如在和孩子交谈的过程中可以多提问："你觉得哪种方法会更好？""你这样做有什么根据吗？""你觉得为什么他会变成这样？"等等这样的启发性问题，来引导孩子进行思考。

男孩在遇到问题的时候，父母不要直接给他答案，要让他自己去解决。让他根据自己的理解多想几种解决问题的方案，然后比较选择，最后找出最好的解决办法。男孩经过多次摸索，就会积累经验，独立思考的能力和解决问题的能力就会逐渐提高。

### 步骤三：

启发男孩用不同的方法解决问题。

父母要鼓励男孩学会用头脑风暴来解决问题，鼓励他在遇到问题的时候，敞开他的思想，有时候也可以和大人们一起交流，从而产生碰撞，激发孩子创造性的灵感。不要把孩子的一切都安排好，这样他的思想就会被禁锢。不管遇到什么事情，都要鼓励孩子养成打破沙锅问到底的习惯，而父母也要耐心地给予回答，并且和孩子一起思考、交流，这样才会增强孩子的思考欲望，提升他的自信。

### 步骤四：

积极培养男孩的动脑兴趣，并对他进行科学启蒙。

父母要培养男孩的兴趣，在他感兴趣的事情上要因势利导，培养他的动脑兴趣。鼓励男孩去观察和发现一些他感兴趣的事情，并启发他进行深入的研究和探索，使他感受到思考的乐趣。此外，父母还要给男孩看或者给他讲一些科学家的故事，点燃他心中智慧的火种，使他学会用科学清晰的思路来观察思考问题。

## 创新能力——创新让男孩遥遥领先

浩浩今年14岁，上初二，是学校有名的发明大王。浩浩的老师说，浩浩的学习成绩虽然不是班上最优秀的，但是浩浩的创新能力却是同学们中最强的。这一切，在浩浩看来都要归功于他的爸爸妈妈。

在很小的时候，别的小朋友拿着玩具小汽车就是纯粹地玩，但是浩浩不是，看着玩具小汽车跑得飞快，他的脑子也转得飞快。为了弄清楚心中的疑问，浩浩总是不停地追问爸爸。爸爸先是耐心地给儿子解释，后来就鼓励儿子自己动手去拆开看看。再后来发展到不管是电扇还是电视，浩浩总是在好奇心的驱使下偷偷拆开，研究里面零件的组合。上小学三年级的时候，家里的电扇坏了，妈妈准备扔掉换新的。浩浩就问妈妈要来自己试试，结果后来电扇竟然又能扇动了，妈妈觉得儿子很了不起。

上小学四年级的时候，家里就给浩浩买了电脑，用妈妈的话来说，他就喜欢瞎折腾，但是折腾得也很有成效，现在不仅游戏玩得不错，还会自己制作网页、编程。每次同学家里的电脑出了毛病，就直接让浩浩去帮忙修，用同学们的话来说，浩浩的技术比专门的技术人员还地道。因为他总是能快速地找出毛病，并且很快把问题处理好。

现在，浩浩已经有几项小发明获得了省市的大奖，每次看着同学们羡慕的表情，他便说，其实大家都可以的，只要敢于动手动脑。

看了上面浩浩的案例，很多父母会说浩浩一定是个特例。其实不是的，每个男孩都具有无限的创新潜力。美国心理学家罗杰斯指出，创造力人人都有，至少创造的潜能人人都有，人的创造潜能的释放，主要依赖于人的自主创造意识和创造动机。所以，父母应该注重对男孩的自主创造意识和创造动机的培养。

在现实生活中，很少有父母重视男孩创新能力的培养。每天孩子的一切活动都是围绕着学习成绩在转圈，除了学习还是学习。周末父母会给孩子报各种各样的培训班，平时在家里监督着不让孩子玩，只能看书、学习，长此以往，男孩不仅会变得死气沉沉，除了学习成绩尚可，其他的能力基本为零，连自己的生活都不能自理，更不要说创新能力了。

在上文中，浩浩的父母无疑是最明智的，面对儿子的打破沙锅问到底、面对儿子的种种“破坏行为”，他们不仅没有打骂和指责，反而很支持，所以，浩浩的创新能力在父母的鼓励下得到了全面的发展。

创新，指人类为了满足自身的需要，不断拓展对客观世界、自身任职与行为过程和结果的活动。而创新能力指人在顺利完成以源于知识经验为基础的创建新事物活动中表现出来的潜在心理品质。创新能力也是人最重要和最有价值的一种能力。

那么，我们的父母应该怎样培养男孩的创新能力呢？

### 步骤一：

注重开发男孩的右脑，挖掘创新的潜力。

前面我们已经提到过，人的左脑是语言的脑，是抽象思维的中枢，而人的右脑是创造的脑，是形象思维中枢。长期以来，我们重视抽象思维、语言、计算，忽视了形象思维、综合能力和创造能力，使右脑功能弱化，这不仅影响了右脑的功能，也影响了整个大脑的发展。由于人的大脑两半球分别支配对侧躯体的活动，因此父母在教育男孩的过程中，可以有针对性地安排一些单侧训练活动。比如，锻炼男孩用左手打乒乓球、拍篮球，用左脚跳绳、踢足球，经常活动左臂等等，这样可以开发男孩的右脑，达到挖掘他创新的潜力的目的。

### 步骤二：

允许男孩异想天开，有意识地训练他的想象力。

创新往往从想象开始，特别是创造性想象，一个男孩没有想象能力就不会有创新能力。因此父母要允许男孩异想天开，鼓励他用画画、语言、文字故事来表达自己的想象，进行大胆的想象，这样能激发他的创新意识。平时父母也要有意识地训练他的想象力，可以让他自己编写一些小故事，给他一段文字，让他读过之后根据自己的想象画出来等等，经常有意识地进行训练，能培养孩子丰富的想象力，有利于孩子的创新活动。

### 步骤三：

多对男孩进行发散性思维的训练。

在日常生活中，父母要引导男孩用辩证的眼光来进行多角度的思考问题。比如，妈妈去菜市场买了几个西红柿，可以让孩子说说有哪些吃法；家里新买了一个盆子，可以让孩子说说有哪些用途；看见滚滚的江水，可以让孩子想一下江水对人们生活的重要作用，当然涨洪水的时候还有哪些害处。这种多角度的思考问题的方法，实际上也是对男孩进行一种发散性思维的训练。发散性思维的训练，是为男孩以后创新能力的培养做好准备。

### 步骤四：

给男孩适当的独立和自由，鼓励他敢于标新立异。

如果一个男孩过分地顺从，什么都听父母的，什么都是父母安排好的，这样就会逐渐抹杀男孩的创新能力。碰到一件事情，父母可以允许男孩发表自己的观点，给他充分的自由，这样可以最大限度地发挥他的创造性。此外，父母要鼓励男孩标新立异，这样可以增强男孩的自信心，从而激励他强烈的创新意识。

## 决断能力——男子汉要果敢利索

妈妈带着乒乒一起去买衣服，妈妈问他："你是想要蓝色的T恤还是红色的T恤？"乒乒犹豫不决地看着妈妈说："你决定吧。"有一次在大街上走，乒乒口渴了，妈妈给了他5元钱，让他自己去买喝的。结果他站在卖饮料的小卖部前，看看可乐，看看雪碧，再看看矿泉水，还是不知道应该买什么，最后只好叫妈妈过来做决定。

乒乒的犹豫不决，让妈妈十分苦恼，于是她和乒乒的爸爸开始有意识地训练乒乒的决断能力。这天，乒乒放学回家愁眉不展的，妈妈问他怎么了，他说："周末我的好朋友李明邀请我去看电影，可是那部电影上周你和爸爸已经带我去看过了，我怕让他难堪就没有告诉他，可是我还是不想去。"妈妈于是说："这个需要你自己做决定，不想去的话，你如实告诉李明原因，他是不会怪你的，他可以邀请其他的同学一起去看啊。"在妈妈鼓励的目光下，乒乒想了很久，还是给李明打电话说明了情况。吃饭的时候，妈妈见乒乒很开心，就说："你今天就做得非常好，有时候做个决定并不是那么难，同学的利益要考虑，你自己的利益也要维护啊。不管做什么事情，妈妈都希望你能够说出自己心里的想法，没有人会怪你的。”以后再去买衣服的时候，妈妈就让兵兵自己做决定，并且鼓励他说出选择的理由，慢慢地妈妈发现兵兵变了，他的话明显地多了起来。她和兵兵的爸爸商量事情的时候，兵兵也会主动提出自己的看法。妈妈觉得十分欣慰，儿子现在的变化正是她想要的。

在遇到事情的时候能够快速地作出决定，这就是决断能力，它表现出一个人的智慧和才能；而决断能力也是一个成功人士应该具有的一种基本的能力。

我们欣喜地看到兵兵在妈妈有意识的培养下，变得果敢起来，能够自己做决定了。但是并不是每个父母都有兵兵妈妈那样的智慧，发现儿子的决断能力欠缺之后就有意识地培养。

不少父母总是喜欢把“选择权”和“决定权”牢牢地掌握在自己的手里，不给男孩说话的权利，或者逼迫男孩放弃自己感兴趣的事情，做他压根就不喜欢的事情，慢慢地，男孩也就逆来顺受了，习惯听从家人的决定。还有些男孩对父母的做法比较反感，和父母对着干。这些对男孩的成长都是不利的。

现在的社会是一个竞争激烈的社会，这就要求每个人具有遇事果断处理的能力，只有这样他才能及时地抓住成功的机会。在漫长的人生道路上，每个人都会遇到许多十字路口，随时都要面临着选择。选择正确了，就会抓住机会，走向成功；稍一犹豫，机会就会与你擦肩而过。一个拥有决断能力的男孩，会觉得自己像超人一样充满了无穷的力量，他敢于提出自己的愿望和要求，会及时地通过自己的分析判断来抓住眼前的机会。所以说，父母要注重培养男孩的决断能力，这样男孩才能变得勇敢利索，才能成为一个真正的小男子汉。

决断能力也是一种习惯，那么父母应该怎样培养男孩养成这种好习惯呢?

## 步骤一:

培养男孩的观察能力、分析能力和思维能力。

决断力来自于对事情的准确判断力，而不是盲目地追求快速作出决定，所以，要培养男孩遇事果断处理的能力，就需要父母在日常生活中培养男孩的观察能力、分析能力和思维能力。一个男孩只有具备了这三种能力，他作出的决定才不会具有攻击性，更不会被动地听从父母的安排，任人摆布。

## 步骤二:

父母要舍得放权，多给男孩自己做决定的机会。

不少父母总是担心自己的孩子年龄小，怕他做不好决定，这种想法是错误的。父母应该舍得放权，把选择的权利交给男孩，这样他才会对自己负责，作出令人欣喜的成绩。平时父母应该让他自己选择穿什么衣服，报什么培训班，还有他自己的零花钱该怎么支配等等。这样男孩才会有一种强烈的责任感，我选择了，我就要做好，这不是父母逼着我做的，是我自己做的决定。当然，因为男孩还没有长大，他的判断有时候会出错，父母不要急于给他纠正，让他通过自己的经历来积累经验，这样他的印象才会深刻，下次做决定的时候才会考虑得更周全。

## 步骤三:

给男孩自由、独立，但是一定不要放纵。

父母在放权之后，男孩能够充分发挥自己的自主权，但是这种自主不是放纵更不是为所欲为，父母应该放手让男孩去选择那些需要做并且是正确的事情，引导男孩在自由地选择和做决定的时候，要遵纪守法。只有这样培养出来的男孩，在做决定的时候才能够果断、正确。

### 步骤四：

引导和鼓励男孩敢于大声地说出自己的想法。

有时候，男孩总是会困惑，有些事情明明是自己不愿意做的，但是碍于面子或者其他因素，还是答应了，但是却不开心。父母应该引导和鼓励男孩大声地说出自己的想法，勇于反对自己不愿意做的事情，但是同时父母也要记住，要让男孩能够虚心接受好的建议。要让男孩们懂得维护自己的个人利益，不管做什么决定都不要损害自己的利益，当自己的利益遭到损害的时候，要站出来为自己说话，这样才会增强他的决断能力。

## 交往能力——男孩必备的本领

涛涛是个11岁的男孩，性格比较孤僻，不怎么喜欢和人说话。妈妈发现涛涛周末的时候不是在家里看电视就是打游戏、看书。这天又是周六，妈妈见涛涛看了一上午的书了，想让他出去玩会儿，就说："涛涛，小区里面有没有你的同学？你怎么不去找他们一起玩啊？""有是有两个，但我很少和他们说话。"妈妈一听，觉得不对劲，和同学住在一个小区里，竟然没有和他们一起玩过，话也很少说，像这样下去，只会让他变得越来越孤僻。于是她鼓励儿子说："涛涛，下个星期可以邀你的同学一起玩，妈妈也欢迎你带他们到家里来玩，你应该多交几个朋友。周末的时候，你做完作业就可以和他们一起出去玩。学习固然很重要，可是妈妈还是希望你能有一些好朋友，朋友将是你一生的财富，在和朋友们的交往中你也能学习到很多的东西。你要知道，我们都是生活在社会中的，难免要和人打交道，只有现在好好锻炼与人交往，将来才不会吃亏。"涛涛听了妈妈的话，点点头。又一个周六，涛涛写完作业，妈妈鼓励涛涛给小区里的其他两名同学打电话，问他们有没有空一起玩。电话得知，一名同学去亲戚家了，另一名同学父母出差去了，就自己一个人在家，于是妈妈让涛涛邀请这名同学来家里玩，晚上在他家吃饭。涛涛尽管说话结结巴巴的，但是同学听了还是很开心，说自己一个人在家挺闷的，马上就过来。打完电话，涛涛高兴地对妈妈说，那个同学一会儿就过来玩。妈妈说：“涛涛，你看同学也很喜欢和你一起玩的，你这样做就对了，快点去把冰箱里面的葡萄洗干净，还有苹果，待会同学来了拿给他吃。”那天同学在涛涛家吃过晚饭，他们玩得很开心。后来涛涛和小区的另一名同学慢慢也玩熟了，三个男孩就一起上学放学，周末要是谁家父母不在，另外两名同学就争着邀请那个同学去自己家里吃饭，渐渐地三个男孩变成了好朋友，这三家的父母也变得熟悉起来了。周末，这三家人还会相约一起出游。通过和同学的交往，妈妈发现涛涛渐渐变得自信起来了，认识的朋友也越来越多了。

与他人交往，是每个人与生俱来的一种基本心理需要。对孩子来说，也是他实现社会性发展的必经途径。在男孩的成长过程中，最初，父母是与其相互作用的主要对象，家庭是男孩社会化最基本的动因，对他早期的行为塑造起着关键作用。随着男孩的逐渐长大，个人认知的能力不断提高，活动范围不断扩大，他渴望结识更多的同龄小伙伴。心理学家指出：“人格主要是在与人交往的过程中逐步形成的，孩子与人交往对他的心理发展具有重大意义。”

菲律宾大学儿童心理学家马·劳迪斯·卡兰丹认为：“一个社交能力低下的孩子比没有进过大学的孩子具有更大的缺陷。”如果一个人拥有良好的人际关系，他就会受到大家的欢迎，也会得到充分的发挥，自己也感到很快乐。有研究表明，不会处理人际关系的男孩，有相当一部分学习成绩不理想，而且还存在着一定的心理障碍。

但是，现在随着独生子女的增多，很多孩子与外界交往的机会较少，缺乏和同伴交往的经验，这些孩子不善于和他人相处，社会交往能力差。他们懦弱、胆小，见了邻居和长辈就会脸红、紧张，不能主动向熟悉的人问好等等。

卡耐基曾说过，一个成功的管理者，专业知识所起的作用是15%，而交际能力却占85%。可见，那些成功的人之所以成功，是因为他们的人际关系非常好。对男孩来说，良好的人际关系是他心理健康和取得学业成功的必要前提，而未来，当他走上社会，良好的人际关系可以帮助他快速地适应各种环境，协调好与他人的关系。

那么，父母应该怎样培养男孩的交往能力呢？

### 步骤一：

创造平等和谐的交往氛围，给男孩树立榜样。

父母在家庭中应为孩子创造一种民主、平等、亲切、和谐的交往氛围，家庭中的大小事都应该让男孩知道，有时候父母也应该在一些事情上听听男孩的意见。父母还应该给男孩树立良好的榜样，比如不在背后非议同事、邻居，要懂得关心和宽容身边的人，这样父母以自己的言行来影响男孩，会起到良好的效果。

### 步骤二：

教给男孩一些与人交往的技能。

为了让男孩成为受欢迎的人，在与人交往的时候获得快乐，父母应该有意识地教会男孩一些与人交往的技能。

1. 培养孩子讲礼貌的好习惯。父母应让男孩在交往中学会使用礼貌用语：“请”“谢谢”“对不起”等，告诉他只有讲礼貌的人，别人才会喜欢，才会愿意和他一起做事、一起玩。

2. 教会男孩宽容。不管遇到什么事情，都要学会宽容别人，凡事要多忍让，遇事要多听听他人的意见。

3. 培养男孩乐于助人的品质。在生活中，乐于助人的男孩才会深得周围人的喜爱，会拥有很多的朋友，父母要培养男孩乐于助人的品质。

### 步骤三：

要教会男孩正确地选择交往的对象，把握交往的尺寸。

所谓“近朱者赤，近墨者黑”，男孩在和他人交往的时候一定要让他选择交往的对象，不要和社会上的一些游手好闲的人混在一起，免得男孩变坏。男孩都比较讲哥们儿义气，比较容易感情用事，有时为了小团体的利益会不顾集体的利益，不顾社会道德规范，作出越轨行为，甚至违法犯罪。所以，父母一定要引导男孩把握住人际交往的尺度。让男孩在与人交往的过程中有自制力，要抵制那些不好的事情，把握好自己，这样才不会影响自己正常的学习生活。

## 领导能力——让男孩成为领头羊

五年级刚开学的第一天，壮壮回家有些闷闷不乐，妈妈问了才知道，这学期换了新的班主任，这位新班主任一上任就一改往常老师直接指派班干部的惯例，让同学们竞选。妈妈说：“这是好事情啊，从一年级到四年级你都是中队长，正好可以借这次机会好好想想你还可以干什么工作。”“可是老师让上台演讲，每个人还要准备演讲词，看谁的演讲词能打动同学，然后大家投票决定。我有些害怕自己写不好演讲词，同学们都不选我怎么办？那不是让大家笑话。”壮壮犹豫地说。听了壮壮的话，妈妈明白了他不高兴的原因，她对儿子说：“你想当什么班干部啊？说出来妈妈帮你出出主意。”“妈妈，这几年老师一直指派我当中队长，我想试试怎么当班长，可我又怕万一竞选不上，同学们会笑话我的。”“那很好啊，你现在只管先写好你的演讲词，要想想你当上班长之后能为班级、同学们做些什么，要想想怎样才能打动同学们。不要想结果，你要知道这是你想做的事情，只要你尽力而为了，妈妈相信你一定会成功的。”看着壮壮还是有些拿不定主意，妈妈又接着说：“别担心，你写好了，一会儿吃完饭当着爸爸和妈妈的面先演讲一遍，我们听完之后会指出你的不足，然后帮你纠正，这样的话，你明天上台在同学们面前的表现就会更完美，你说是不是?”听完妈妈的话，壮壮的心里有了底气，于是一鼓作气写完了演讲词。吃完饭，壮壮信心十足地讲演给爸爸妈妈听。听了儿子的演讲，他们觉得没有什么问题，就是在演讲的过程中要赋予自己的真情实感，让儿子明天就这样充满信心地去演讲。第二天放学回家，壮壮就兴奋地对妈妈说：“妈妈我成功了，我当上班长了!”这对壮壮是一个激励，妈妈发现，壮壮自从当上班长之后，他的学习也变得更加积极起来，对于班上的活动他也总是积极地组织，并且还报名参加各种演讲比赛、作文比赛，成绩都不错。在壮壮看来，当上了班长，当然要时时处处都走在同学们的前面，这样才对得起自己的班长称号。

心理学家马斯洛认为，满足孩子的精神需求，能使孩子对自己充满信心，对社会满腔热情，体验到自己活着的用处和价值。上文中，壮壮就是一个最好的例子，在当上班长之后，壮壮对自己的工作、学习都充满了热情，从而发挥了自己的最大价值。

但是，现实中并不是所有的父母都像壮壮的父母那样，支持孩子当班干部。不少父母怕孩子当上班干部会影响学习，所以总是极力反对。

在这些父母看来，男孩只要学习好就可以了，其他的一概不考虑。但是这些父母却又是那么的渴望自己的儿子能够出人头地，将来长大成为某一领域的领袖人物。他们没有意识到的是，男孩的领导才能都不是天生的，是需要后天培养的，是需要一定素质的。

在这里，我们首先要弄清楚一个问题，什么是领导素质?

领导素质，是指在先天禀赋的生理和心理基础上，经过后天的学习和实践锻炼而形成的在领导工作中经常起作用的那些基础条件和内在要素的总和。领导素质主要包括：服务精神、人际关系、团队精神、决策能力、发现问题和解决问题的能力，当然还应包括创新能力、容忍意识、社交能力、自信心、大局观等等。我们把这些概括起来称为领导素质，因为拥有这些素质而具备的特别的能力称为领导能力。

在弄明白一个具有领导能力的人应该具有哪些领导素质之后，我们就明白了该从哪些方面来培养男孩的领导能力了。每个男孩都有自己的特质和魅力，只要稍加培养，将来他也一定会成为某一领域的“领头羊”。

那么，父母应该怎样培养男孩的领导能力呢?

## 步骤一：

耐心地倾听男孩的梦想。

也许你的儿子有一天会突然告诉你：“妈妈，我将来要当一名厨师。”“爸爸，我将来想当一名理发师。”面对男孩的这种梦想，我想许多父母一定觉得很受打击。但是，请你不要打击男孩的梦想，无论你觉得他的这种梦想是何等荒谬和没有出息，都请你给予鼓励。因为男孩的梦想也许会随着年龄的增长、爱好的增多、认识的加深而发生变化。所以你要呵护男孩的梦想。

### 步骤二：

开发男孩身上的领导特性。

领导的桂冠总落在这种人头上：他努力照习惯去理解和容忍，他屡次在挫折面前另辟蹊径，他勇敢面对自己行动产生的后果。这正应对了家庭心理学家丁·罗斯蒙德所说的，尊重、机智、责任心是父母必须在孩子身上开发的三种基本特性。

所以，父母要培养男孩尊重别人的习惯和宽容的心态，悦纳身边的人和事，提高男孩抗挫折能力和机智勇敢的智慧，让孩子拥有强烈的责任感。

### 步骤三：

培养男孩的沟通能力，鼓励他表现自己。

为了能让男孩充分有效地表达自己的思想和建议，父母需要帮助发展他的交流与沟通的能力。可以建议男孩参加班上的演讲活动，也可以鼓励他在课堂上要多发言，还可以鼓励男孩高声地朗读课文，这样才能充分地表现自己。一个领导者不管面对何种情况都要坚定地表明自己的立场和态度，所以这些都是在训练男孩的领导能力。

### 步骤四：

多问假如，引导男孩思考。

可能性思维是领导能力的一个标志，要鼓励男孩在做一件事情之前，应学会多问：假如我这样做了，会怎么样？只有这样才能训练男孩思考问题的能力，并且有助于他解决困难，这才是领导者应该具有的潜力。

## 协作能力——双赢是最好的成功

上小学的时候，因为家离学校比较近，聪聪都是走读的。上了初中，因为爸爸妈妈的工作比较忙，家离学校也比较远，考虑到安全和便利因素，爸爸妈妈便和聪聪商量着让他平时住校，周末回家。以前没有住过校的聪聪，一听很开心，终于可以脱离父母的管制了，真好。但是，实际情况并不是这样的。聪聪刚住校三天，就给妈妈打电话：“我和他们不是一种人，他们五个都好吵，晚上聊天聊很久，让人休息不好。有的同学晚上起来上厕所时，开门、关门的声音都好大，总是把我从梦中惊醒。烦死了！”妈妈听完儿子的牢骚，先是从他的角度安慰了一阵，然后告诉他：“聪聪，在集体中这样的情况很正常，每个人都有他的生活习惯，大家要相互谦让和配合，从现在开始你就要学着适应，只有你学会与不同的人相处，学会合作，学会容忍别人，这样才能更好地和同学们相处。妈妈相信你会慢慢适应的！”

聪聪想了想，接受了妈妈的建议，开始尝试着接受室友的优缺点。慢慢地他和室友的相处就越来越融洽了，学习上互帮互助、生活上互相关心，一起在足球场上驰骋，一起在学校的文艺会演上表演小品……集体生活让他懂得了协作，性格也变得越来越开朗了，学习成绩有了明显的进步。

不少父母认为，男孩只要学习成绩好，将来准能上好大学，毕业了才能找到一份好工作，才能适应这个充满激烈竞争的社会需要。可是这个社会除了竞争，更需要人们具有协作精神，从而更好地发挥自己的才能，取得更大的成就，只有懂得协作，才能达到双赢。

随着男孩的长大，他的生活面会越来越广，遇到的各种难题也会越

来越多，这些困难就需要同学或者朋友的互相帮助来解决，这就需要协作。随着现代社会的发展，各种事务都需要人们的密切合作，需要依靠人与人之间的友谊和信赖，这也是当今世界人才的重要素质之一，孩子要成长，将来要进入社会，也必须锻炼自己的协作能力。

欧洲心理学家阿德勒说："假使一个孩子未曾学会合作之道，他必然走向孤僻之道，并产生牢固的自卑情绪。"只有学会与人协作，才能改变和矫治这种不良的心理品质。所以，父母要从小培养男孩的协作意识，提升他的协作能力，这样才能更好地适应未来的社会生活。

那么，如何培养男孩的协作能力呢？

### 步骤一：

教男孩学会欣赏和接受别人。

只有发现别人的长处，并且欣赏别人的长处，男孩才能从内心深处真正愿意接受别人。父母要告诉男孩，每个人都有自己的优点，都有自己的长处。所谓"金无足赤，人无完人"，我们不要因为别人的缺点而远离和排斥他，要学着以平和的眼光来看待问题。因为别人的一些缺点不见得自己就没有。同时，在与人合作的时候，只有相互认识到对方的长处，欣赏对方的长处，合作才会有真正的动力和基础。我们在发现别人长处的时候不是要嫉妒要破坏，而是要学会真诚地赞美，只有这样才能更好与他人协作。

### 步骤二：

鼓励男孩多参加一些合作性的活动。

父母可以鼓励和支持男孩多参加一些合作性活动。比如足球、篮球、接力赛等，既有团体之间的对抗与竞争，更有团队内部的合作，这些都非常有利于男孩合作能力和团队精神的培养。

### 步骤三：

培养男孩关心他人，爱护他人，助人为乐的高尚情操。

我们经常会见到这样的现象，有些男孩在集体生活中很有人缘，大家都很喜欢他，而有些男孩则不是这样的，为什么呢？经过观察我们就会发现，那些有“人缘”的男孩，都懂得尊重别人、关心别人，比较善解人意，还比较喜欢帮助别人，以帮助别人为乐。平时为人处世也比较大方，能够宽容别人的过错。而那些无“人缘”的男孩都比较霸道、自私、斤斤计较。美国教育家彼得·萨洛瓦里和约翰·梅耶提出，情感智力（即情商）是决定男孩是否成功的关键因素，而“同情和关心他人”“表达和理解情感”“受人喜爱”“友爱”“尊重他人”都是男孩情商的重要组成部分。所以父母要培养男孩的协作能力，一定要先陶冶男孩的情操。不论是在学校还是在家里，都要培养男孩的良好品德，这样培养出来的男孩才能立足于社会的需要，更好地与他人协作。

### 步骤四：

教育男孩在平等的原则上为人处世。

要告诉男孩不管是谁都要树立平等的观念，要让男孩懂得，每个人在人格上都是平等的。不管遇到什么事情都要讲诚信。在男孩交友的过程中，要教育他信赖朋友，珍惜友谊，不要轻易地怀疑、怨恨、敌视他人，不允许无视欺侮弱者。只有这样，人与人之间才能互相信赖、和睦相处，这些也是人和人之间协作的必要条件。

## 自我推销能力——毛遂自荐，勇往直前



波波今年上初中二年级，所有人对他的评价都是阳光、乐观、自

信。只要班上和学校举行活动，波波总是抢着报名。尽管有时候也有同学说他喜欢“显摆”，但是波波不管这些，因为他想多给自己一些锻炼的机会。

为什么波波知道要锻炼自己呢？这些都缘于波波的妈妈。波波的妈妈是一家大型企业的人事部经理，这些年她见过不少优秀的人才在应聘他们单位的时候，因为不善于表现自己，结果没有被招聘。于是从波波开始上小学的时候，波波的妈妈除了要求他在每堂课上积极地举手回答老师的提问外，还鼓励他参加各种各样的活动。不管参加什么活动，只要能锻炼孩子，她一律给予支持和积极配合。

从小学到初中，波波积极活跃在校内的各种舞台上，校外的活动比如科技比赛、作文比赛，他也会积极地参加。正是因为波波的积极、乐观，他不仅仅是同学和老师眼中的名人，更深得同学和师长的喜爱。

在过去，人们总是相信“天生我材必有用”，相信只要是诸葛亮，就必然会有人三顾茅庐。但是现在，随着社会的发展，人们已经认识到了必须要主动出击，在这个人才济济、竞争激烈的社会中要勇于表现自己，才能获得别人的赏识，才能充分地发挥自己的才能，不然的话机会就会稍纵即逝。根据推销学的说法，这个世界是一个需要推销的世界，大家都是不同形式的推销员，人人都要推销某种东西，无论你是否喜欢。比如学生要向老师推销自己的成绩；下属要向上司推销自己的提议；老师要向学生推销科学文化知识……正如卡耐基所说：“人都在随时随地地推销自己，以表现自己的才能，获得他人的承认。”

所谓的推销自己，也就是表现自己。人只有把自己推销给别人才能有赢的机会。所谓酒好也怕巷子深，即使一个人有旷世之才，但如果不能“表现”或不善于“表现”，也难以觅到用武之地。比如，一个男孩的钢琴弹得不错，但在同学面前从来不弹；一个同学舞跳得很好，但是他从来不愿意表现；一个同学口才很好，但是他从来不喜欢当众发表自己的观点和见解，别人怎么会知道呢？

每个父母都希望自己的孩子能够成功，但是成功是不会随意青睐一个人的。一个男孩，即使他的能力再强，如果他不善于推销自己，那么他也是难以取得成功的。而一个懂得自我推销的男孩，每次看见机会就会及时抓住，这样就更容易被周围的人所注意，获得成功的几率就高一些。

那么，父母应该怎样培养男孩的自我推销能力呢？

### 步骤一：

培养男孩的胆识，扩大男孩的交际面和接触面。

胆怯的男孩总喜欢躲在人背后，不喜欢表现自己。因此，父母应该从小就培养男孩的胆识，让他勇于表达自己的想法，做自己喜欢做的事情。父母可以有意识地扩大他的接触面，让他经常面对陌生的环境和陌生人，这样他就能慢慢地适应，不再胆怯。父母应鼓励男孩多交朋友，可以带他一起去购物，也可以带着他去亲戚家串串门……这样就可以逐渐培养他的胆识，让他在面对陌生的人和环境的时候多几分坦然。

### 步骤二：

对男孩的特长加以鼓励，创造机会给予展示。

每个男孩都有自己的特长，父母应该帮助男孩找到自己的特长并且加以鼓励。男孩有的喜欢弹吉他，有的喜欢弹钢琴，有的喜欢自己动手搞一些小发明，有的喜欢画画等等，父母可以先让男孩在家人面前表演，并且给予他热情的鼓励和支持，这样孩子的自信心就会提升。然后父母就可以鼓励他当众表现自己，可以是学校的演讲比赛，也可以是市里的航模比赛，只要男孩敢于参与就是好事情。

**步骤三：**

帮助男孩全面地认识自己，突出自己的优点和特色。

每一个男孩都有自己的优点和缺点，但是也有自己特别个性的地方——特色。父母应该帮助男孩全面地认识自己，并且引导他积极地向别人推销自己。在推销自己的时候，要让男孩明白自己最擅长的是什么，自己的优点有哪些，自己可以帮助别人解决一些什么问题等等。要鼓励他不管做什么事情，都要尽自己最大的努力，突出自己的特色，这样才能打动人，从而赢得别人的尊重和支持。

**步骤四：**

培养男孩的沟通表达能力。

一个人只有具有良好的沟通能力，才能更好地推销自己。所以父母平时要鼓励男孩多和周围的人沟通交流，还要注意培养男孩的口才，有了好的口才，才能打动人和以理服人。父母可以有意识地找一些有争论性的话题来引导他辩论，从而训练他的口才。有时候也可以鼓励他在人多的时候参与一些讨论，这样就会让他慢慢地变得大胆，变得敢于和人沟通，敢于表现自己。

## 自我控制能力——自我控制，提高情商

洋洋是个四年级的学生，平时很淘气，在学校不遵守纪律，课堂上随便说话，影响其他同学学习，也不听老师的劝阻，我行我素。有一次严重干扰了课堂秩序，老师只好叫来了他妈妈，说这孩子太调皮，让老师束手无策，学习成绩也差，回家要好好管教，不要溺爱孩子。他妈妈也感到很苦恼，在家里，洋洋也是这样，写作业注意力不集中，情绪也

不稳定，他说要什么就得立即给他。

老师问了一下他们是怎样对孩子进行教育的，原来，洋洋的父母工作忙，家中经常没有人，对孩子的督促帮助很少，对他百依百顺，有时发现他的不良行为也没能及时指出纠正，父母想着他长大了就好了，谁知他却这样，让人很头疼。

缺乏自我控制能力在孩子中是常见的现象。如今绝大多数孩子生活在十分优越、舒适的环境里，享受着父母的百般疼爱，造成了意志情感脆弱，自控能力差，生活不会自理，缺乏独立意识，而一旦欲望不能及时满足，就会心理失衡，同时还生出了许多不良行为。

自我控制能力是自我意识的重要成分，它是个人对自身的心理和行为的主动掌握，是个体自觉地选择目标，在没有外界监督的情况下，适当地控制、调节自己的行为，抑制冲动，抵制诱惑，延迟满足，坚持不懈地保证目标实现的一种综合能力，表现在认知、情感、行为等方面。

美国学者对一些3岁半至4岁半幼儿进行自我延迟满足追踪30年研究，结果表明，那些在幼儿期能够等待的人都较为成功，而那些在幼儿期等不得、控制不住自己的人长大后事业都无起色。而最新研究表明：自控力强的男孩，到了初、高中阶段其学习成绩高于相同智商男孩20%左右。实践证明：人学会自我控制，就是学会自立，自立的必备条件是生活自理。生活自理越早的男孩，心理素质就越好。

自我控制能力是一个人成长过程中最重要的个性品质之一，需要从小来培养。男孩因为年龄小，不懂得如何进行自我控制，这就需要父母来进行引导。

那么，如何培养孩子的自控能力呢？

**步骤一：**

从生活中的小事入手。

要让男孩能够自己控制自己，父母要从日常生活中的小事入手来对男孩进行训练。比如男孩在学习的时候，遇到不会做的题目，父母不要马上就讲解，要引导他自己去解决；男孩叫嚷着立即要什么东西的时候，不要拿给他；男孩想买某件玩具的时候，父母可以和他讲讲金钱的来之不易，让他理解家人的辛苦，尽量控制自己的欲望。

**步骤二：**

进行特殊训练。

教育专家说，对于自控能力差的孩子，可以给他做感统训练：每天让他跑步，做仰卧起坐等大运动量的项目，消耗一部分体能，再让其做静心训练；不过静心训练的时间不宜过长，比如静坐 10 分钟，然后再让他做大运动，让他感觉休息一次不容易，时间慢慢延长，由 10 分钟到 15 分钟，慢慢地他的自控能力就会提高。

**步骤三：**

教男孩掌握控制自己行为的技巧。

虽然男孩明白了自律的道理，但有时还不能很好地约束自己，控制自己，常常是事后后悔。这种现象很重要的一个原因就是虽然明白了道理，可是缺少实施的技术。比如，男孩总是控制不好自己的情绪，易冲动，如果他试着在这时候深呼吸或者默默数数，也许冲动就会克制住了。还比如，男孩明白吸烟有害健康，可就是克制不住，这时候就需要父母想办法，应和男孩一起采取戒烟的措施。

**步骤四：**

延迟满足，让男孩学会等待。

许多父母都有这样的体会，当男孩要某一样东西或者要做某一件事情的时候，父母因为种种原因不能立即满足他，他就会哭闹，而这时候不少父母就会想办法满足他。其实父母应该训练男孩学会等待，延迟满足他的要求或者愿望，让他在等待中学会自我控制。

### 步骤五：

引导男孩正确地认识事物。

父母要引导男孩分析一件事情或者一个举动可能产生的影响及后果，这样他就可以有意识地控制自己的行为或者某些想法。刚开始男孩还需要父母的引导，一段时间以后，他自己也能对事情作出正确的判断与决定，这样他的自我控制能力就会在不知不觉中提高。

# 穷养责任

## ——给男孩一枚闪亮的徽章

### 责任感是男孩肩头的徽章

张浩然是一名小学六年级的男孩，尽管已经12岁了，但是每天早晨起床，他还是需要妈妈不断地叫，吃饭的时候还要妈妈给他盛好饭。每天晚上放学回家，父母要催促多遍，他才肯去写作业。写完作业，书包都是妈妈或奶奶帮忙收拾的，不然的话，第二天他准会忘记带东西，不是课本落家了就是作业本不翼而飞。穿过的衣服、鞋子，房间里面扔得到处都是，奶奶给整理好，不出一天又乱了。为此，张浩然的妈妈特别着急，马上就是初中生了，一点责任感都没有，这可怎么是好？

陈帆今年14岁，上初中二年级。周末，妈妈让陈帆陪着一起去超市买东西。回来的时候，因为买的东西多，妈妈让陈帆帮自己拿一点，没想到，陈帆撇着嘴说：“谁让你买这么多东西的，拿不了就不要买，那么累，我不想拿。”见妈妈左右两手都不得闲，陈帆才勉强地接过妈妈手里一个小的购物袋，在前面飞快地走，妈妈却在后面一手拎着一个大购物袋，一手拎着蔬菜和食品，慢慢地走。看着在前面走得飞快的儿子，妈妈的心里特别不是滋味儿，按理说儿子都是大小伙了，个子也不低，但是为什么责任感却没有随着年龄和身高的增长而增加呢？

责任感是一个人立足社会、获得事业成功至关重要的人格品质，是一种高尚的道德情感，是一个人对自己和他人、对家庭和集体、对国家和社会所负责任的认识、情感和信念，以及与之相应的遵守规范和履行义务的自觉态度。但是，在现代社会生活中，许多父母过多地注重男孩的智力和身体发展，而对男孩责任感的教育培养却不大重视，这才造就了很多像张浩然和陈帆一样的男孩。这样的男孩因为从小就受到父母和长辈的呵护，不管他做什么事情，全程都有父母的关注和安排。这样就使得他处处以自我为中心，对周围的人和事表现得漠不关心，缺乏基本的责任感。

据中国青少年研究中心调查，当前青少年的不良行为习惯主要集中在七个方面，而“害怕承担责任”就是其中之一，特别是在做人方面和学习方面，责任心尤为缺失。

心理专家指出，孩子的责任感差主要表现在如下几点：

1. 比较自私，不会关心他人。

以自我为中心，好吃好玩的都是自己独自享受，根本不会顾及他人，表现得很自私。他们平时享受着家人的关爱，却从来不会关心人，不懂得爱父母、爱亲人，更不懂得爱朋友、爱集体、爱祖国等。

2. 犯错时爱找客观原因。

一件事情没有做好或者出什么差错的时候，从来不会从自己的身上找原因，而是喜欢从他人或者周围的环境等客观的因素上找原因。喜欢推卸责任或者找借口，不去反思自己。

3．集体意识淡薄，比较冷漠。

凡事只想着自己的利益和得失，不会考虑集体的利益，对同学漠不关心，心胸狭窄，比较冷漠。集体意识和爱国意识都比较淡薄。

现在孩子的责任心缺失情况相当严重，我们不能不重视。托尔斯泰认为："一个人若是没有热情，他将一事无成，而热情的基点正是责任心。"责任感一旦产生，就会成为一种稳定的个性心理品质，可以有效地提高男孩学习的积极性，自觉加强意志锻炼，促进个性的全面发展。责任感是男人安身立命之本，是一个男孩成为男子汉的晋身之阶，是男孩肩头闪烁的徽章。所以，父母要从小注重男孩责任感的培养。

那么，如何从小培养男孩的责任感呢？

### 步骤一：

尊重男孩，有事同他商量，让他学会自己做抉择。

有些男孩有这样的坏习惯。写作业的时候三心二意，如果父母对他采取打骂的方式，只能让他专心，却不能让他永久地改正自己的坏习惯，正确的做法是：父母要冷静下来，心平气和地同他商量，最后共同制订一个合理的学习计划。通过这个学习计划来约束他，督促他养成良好的习惯。此外，家里在给男孩做决策的时候，要多听听他自己的意见，这样既是对男孩的一种尊重，也促使男孩为自己的决策负责任。

### 步骤二：

培养男孩的独立性，增强他的责任感。

心理学家的研究告诉我们，责任感是一种高级情感，它需要通过一段时间的行为，使责任内化为自动起支配作用的价值观而获得。简言之，责任感是作出来的，不是理解来的，也就是通过承担责任才能获得责任感，而不是通过学习知识来获得责任感。

所以说，父母要放手让男孩自己的事情自己做，比如自己洗衣服、袜子，自己收拾玩具、作业本、小画书等。这样既可以避免男孩养成“衣来伸手，饭来张口”的坏习惯，还可以使男孩的责任意识不断地得到强化和提高。

## 步骤三：

让男孩体验挫折，学会承担。

有时候，父母为了培养男孩的责任感，可以有意识地让他体验一下办事不负责任的后果。比如说，男孩赖床，迟到了会受到老师的惩罚；还有男孩出游的时候忘记了带保暖衣物，让他下次能够吸取经验教训。只有当男孩受到挫折的时候，他的责任感才会加强。

## 步骤四：

培养男孩做事有始有终的良好习惯。

男孩的责任感要靠坚强的意志力和持之以恒的态度来维持，而这恰恰是许多男孩所缺失的。男孩的好奇心比较强，爱好也很广泛，但是因为毅力不足，做事三分热度，虎头蛇尾，半途而废，有时稍微遇到一点困难或挫折就会打退堂鼓，不能坚持。这就是没有责任感的表现。所以说，为了增强男孩的责任感，父母就要注意培养男孩坚持到底的良好习惯。比如说，有些男孩学习书法，一旦天气热了就很烦躁，坚持不下来；天气冷了，怕冻着，又不想动手。父母这时候就要全程监督，发现问题应及时纠正，不允许男孩半途而废。只有坚持下来才会有成就。

## 步骤五：

父母要给男孩树立一个良好的榜样。

父母的一言一行、一举一动都是男孩模仿的典范。因此父母在教育男孩树立责任感的同时，要反思和注意自己的言行。该做什么，不该做什么都要注意。只有这样，才能当好男孩的榜样，而男孩也会受到父母良好的言行的熏陶，变得有责任感。

## 将责任交给男孩

一位妈妈说：

我儿子刚上小学一年级的时候，要学拼音。我和他爸爸都是中专毕业，学历不高，以前学得那点东西早就忘光了，所以尽管儿子的基础很差，我们却没有能力教他。儿子学得也很努力，但是期中考试的时候语文只得了75分，在班里是倒数几名。

后来我只得硬着头皮教他、监督他学习。但是有一天，儿子问我："妈妈，有几个平舌音、几个翘舌音啊？"我一听心里就发麻，在脑子里面想了半天才告诉他各有4个和3个。不久儿子考试的时候考到了这道题，他按我说的去写，结果答案是错误的。儿子生气地对我说："你看你，不懂装懂，害得我也做错了，早知道我还不如问老师。"

我想想也是，于是就引导儿子说："妈妈以前上学的时候，成绩很差，拼音学得不好，你能不能好好学，当妈妈的老师呢？"儿子不确信地看着我说，"妈妈，你不是开玩笑吧？"我一脸诚恳地说："妈妈是真的想学习，活到老学到老嘛，妈妈不会当然要向你学习。"听我这样一说，儿子点点头。于是他每天在学校都认真听讲，晚上回来把老师教给他的内容都教给我。因为做"老师"，让儿子意识到自己肩头的责任很重，必须好好学习，才能把他所学的知识完整地教给我。这样一段时间之后，儿子的语文成绩有了显著的进步，老师还打电话给我，表扬儿子进步了。不过老师不知道的秘密是：儿子一直在给我当老师。现在，我开始明白，有时候把责任交给儿子也是一种很好的教育方法。

这位妈妈无疑是聪明的，她知道只有将责任交给男孩，才能消除男孩的依赖心理，促使他自觉地学习，所以她的儿子能取得较大的进步。

但是在生活中，我们也发现不少这样的现象：男孩对正在给自己整理书桌的妈妈说，让他自己来，但是妈妈却让儿子一边待着去。上学的时候，爷爷给孙子背着书包，孙子觉得爷爷辛苦要自己背，但是爷爷不让；爸爸帮助儿子整理凌乱的衣服，儿子要自己来，但是爸爸还是自己动手帮助男孩整理。其实，这些行为都是在剥夺男孩的责任感。

儿童心理学研究表明，小孩子其实是喜欢自己做事情的。他喜欢说“我能”“我自己来”等。爸爸妈妈应该顺应男孩的天性，让男孩大胆做感兴趣的事情。这不仅对培养男孩的自理能力很重要，同时也培养了孩子的意志力和责任感，增加了他的基本生活常识和劳动能力，使男孩学会对自己的生活和行为负责，真正地长大成人。

我国教育家陈鹤琴先生也说：“凡是孩子自己能做的事，让他自己去做。”美国心理学家戴尔说：“孩子需要一定的空间去成长，去试验自己的能力，去学会如何对付危险的局势。不要为孩子做任何他自己能做的事。如果我们过多地做了，就剥夺了孩子发展自己的能力的机会，也剥夺了他的自立及信心。”

所以说，从男孩小的时候，我们就应该放手让他学会承担责任，给他锻炼的机会，这样才能让小男孩变得独立、自主、自强。父母不要因为孩子小，就怀疑他的做事能力，而应该让他做一些力所能及的事情，从中收获信心。只有在生活中，我们充分地相信男孩的潜能，将责任适当地交给男孩，不要处处包办代替，那样，才会有利于男孩的健康成长！



那么，父母应该怎样将责任交给男孩，消除他的依赖心理呢？

## 步骤一：

让男孩学会生活自理。

父母应该有意识地培养男孩自理生活的能力，在日常生活中要放手让男孩去做一些他力所能及的事情，比如洗碗、整理房间、收拾书桌、打扫卫生等等，让他为自己做的事情负责任。只有这样，男孩才能够真正地体验生活，从中得到锻炼。

## 步骤二：

别怕男孩帮倒忙。

每个孩子在刚开始做事情的时候，都不会做得太好，有时候会做得十分糟糕，会给父母带来麻烦。比如一个男孩在学着削苹果的时候，会因为不小心而削到手，父母就要忙着帮他止血，给他拿创可贴等，有些脾气暴躁的父母就会责备男孩，这样会打击孩子的积极性。父母不要怕男孩帮倒忙，要明白在孩子成长的过程中，他只有去经历才能学会处理一些事情，才能学着慢慢地成长。父母应该抱着宽容的态度，鼓励男孩积极地尝试。只有这样男孩才会从失败中吸取经验教训，才会越做越好。

## 步骤三：

给男孩提供一个尝试的机会。

当男孩想独立地去尝试一件事情的时候，父母应该理解和支持。比如男孩要和同学一起去外地旅游，尽管他以前没有脱离父母去独自旅游的机会，但是父母还是要给予支持，从确定地点到买车票再到收拾出行时候的物品，父母只可给出建议，并且提醒他可能会遇到的困难，但是不要插手干预。还有在家庭生活中，要鼓励他参与家庭事务的讨论，要鼓励男孩对一些事情说出自己的见解，父母还要尊重男孩的想法，渐渐地男孩就会变得特别自信、独立。

### 步骤四：

父母要协调一致，态度坚决。

在家庭教育中，夫妻双方在教育男孩的时候要协调一致，不要丈夫支持男孩自己承担责任，而妻子却暗中帮助男孩，这样是不能培养出勇于负责任的男孩的。正确的做法是：父母要协调一致，为了男孩的未来着想，全面地放手，面对男孩的求救，态度要坚决，只可给予指导，但是不可以包办。尤其是在男孩的学习上，要让他自己学会动脑动手解决疑难问题。

### 步骤五：

要多给予男孩积极的肯定和支持。

在刚开始做一件事情的时候，男孩难免会遭遇失败，会觉得特别沮丧，父母应该看到男孩的努力，看到他在承担责任的过程中的那份决心和毅力，然后给予他鼓励，帮他树立信心，让他积极地面对困难。这样才能培养小男子汉积极负责的心态和勇气。

## 让男孩为自己的过失负责

一位班主任老师在工作总结中这样写道：

前段时间学校要评选优秀班级，涉及卫生、课堂纪律、寝室纪律等几个方面，我的主要精力都放在了班级内部的管理上，而寝室的管理就松懈下来了。我也知道我们班312男生寝室的那6个小家伙喜欢晚上开“卧谈会”，宿舍管理员也向我反映过多次了。但是我就是没有采取行动。为什么呢？

因为我所在的中学，孩子们都是住校的，周一到周五在学校，周末回家休息。但是每到周一的早晨，学生到校之后不是发现自己的作业本没有带就是书本没有带，要不就是衣服带少了，于是就给父母打电话，让他们放下忙碌的工作给自己送过来。还有些男孩自己违反了校纪校规，父母总是帮着善后，而不让自己的男孩去承担责任。我想这次正好是个机会，可以让那几名男生接受教训，也让全班同学都能受教育，这比暂时的班级荣誉要重要多了。

因为我的放手，在后来的优秀班级评选中，我们班果然落选了。我把学校给我们班的各项评分贴在了教室的黑板旁边。其他的都很好，就是寝室纪律，连续几次的测评都是不及格。我也不说什么，过了一天，我开了一次班会，问同学们的意见，到底要怎么处理那些拖班级后腿的同学。经过商议，312 男生寝室的那 6 名同学要为全班同学打扫两周的卫生来承担他们的过失。班上同学对这个决议都很赞同。现在，不管是寝室纪律还是班级纪律，同学们都能自觉地遵守了。

这位班主任老师无疑是睿智的，让那些拖了班级后腿的学生，为他们的过失负责，这样既可以培养那几名男孩的责任感，对班上的其他同学来说也是一次良好的教育机会。这一点是值得我们老师和父母学习的。

但是，在生活中我们常常看见另一种情况：孩子忘记带作业、带课本，父母宁可放下自己手头的工作也要赶着给他送过去；男孩在学校犯了错误，父母会自己去学校和老师商量，而不让男孩承担责任；男孩不小心打伤了同学，父母会自己登门去给别的孩子的父母道歉，而让男孩在家里写作业，好像错误不是他犯的。仔细想一下，这些不正是父母在剥夺男孩履行责任的机会吗？

曾有一则这样的报道：

在美国，有一名小学生因为顽皮破坏了校车而受到停乘校车一周的处罚，于是男孩只好每天步行上学，路程有点远，他必须早起。这时候，有人问他的母亲为什么不用家里的汽车送他去上学，男孩的母亲坚决地说："不，他应该对自己的行为负责！"

看了这位美国妈妈的做法，让人暗生佩服，至少在中国有很多的父母都做不到这一点。捷克著名教育家、近代教育理论的奠基人夸美纽斯说过，做错事的人应当受到惩罚，但是他之所以应受惩罚，并非因为他犯了过错，而是为了要使他日后不再去犯。父母应该意识到当男孩做错事的时候，恰恰是一次难得的教育良机。因为在男孩犯错误的时候，他会心存愧疚，会感到不安，甚至会四处求助，而在这时候他明白的道理会让他刻骨铭心。所以，不论男孩有什么过失，只要他有一定的能力，就应当让他承担责任。只有这样，才能培养出负责任和独立的男孩，也有利于帮助男孩形成健康的人格。

那么，为了让男孩对自己的过失负责，父母应该怎么做呢？

### 步骤一：

尊重男孩，采取先扬后抑的教育方式。

不少父母在男孩犯错的时候，会大声地斥责他，有些脾气暴躁的父母还会打骂男孩，这些做法都是错误的，会伤害男孩的自尊心。越是这样，父母越是要保持冷静，不管自己怎么生气，都要先压住自己内心的怒火。然后平心静气地和男孩讲道理，要先肯定他是一个好孩子，至于犯错误也是人之常情，然后逐渐地引到他的错误上来，最后还可以告诉他弥补过失的办法。这样的教育方式才会起到良好的作用，也让男孩有勇气承担自己的责任。

### 步骤二：

让男孩感受不负责任的后果。

没有惩罚的教育是不完整的教育，没有惩罚的教育是一种虚弱的教育、不负责任的教育。在男孩有错误的时候，父母可以针对具体的情况采取一些合理的惩罚措施。当然，惩罚并不是目的，惩罚是为了让男孩吸取教训，争取下次不犯这样的错误。这样，可以让男孩体会到他不负责任的后果，以后他做事情的时候就会吸取教训，增强自己的责任心。

### 步骤三：

别过分迁就男孩。

不少父母在男孩犯错误的时候，总是会过分地迁就，本来应该批评、应该惩罚的，却狠不下心来采取措施。父母在面对关键的问题和关键的事情上，应该协商一致，让自己狠下心来，如果不断地迁就，男孩的责任感就会渐渐减弱，甚至消失。迁就是培养不出负责任的男孩的，该批评就批评，一味地推崇赏识教育，培养出来的男孩就经不起一点挫折。

### 步骤四：

让男孩遇事不找借口，不撒谎，勇于承担责任。

有些父母，在男孩犯错误的时候，马上采取对男孩严厉的惩罚措施，不分青红皂白一顿暴打或者一阵打骂，这样会让男孩产生害怕的心理，他会害怕承担责任，会通过撒谎或者是找借口的方式来逃避责任。父母应该一开始就放低自己的姿态，语气和蔼，鼓励男孩积极地承担自己的错误，才能敢于面对由自己的过失带来的一系列的恶果。只有这样，男孩才敢负责任。

### 步骤五：

鼓励和赞赏男孩勇于负责的行为。

不管男孩做了什么，还是说了什么，是他的错误，就要鼓励他勇敢站出来。父母不要责怪他，本来他已经错了，心里很难过。而一个勇敢站出来为自己的言行负责的男孩，父母应该给予鼓励和赞赏，而不是受到一顿暴打，那样会让男孩丧失信心。只有先让男孩对自己的言行负责，在负责任的过程中，父母才能帮助男孩逐渐地完善他的各种品格。

## 培养男孩的集体荣誉感

方健是一名小学五年级的学生，学习成绩还不错，但对集体活动很不热心，班上或学校组织的书法比赛、演讲比赛以及开展各种体育和文娱活动的时候，他统统不参加。在他看来，自己学习成绩好就可以了，其他的可以不管。于是当同学们都在丰富多彩的集体活动中开心地玩耍的时候，他总是一言不发，目光冷漠，每次回家都会对妈妈抱怨说："那些活动真是没有意思，很无聊，浪费时间。"妈妈觉得孩子的思想有问题。

于是妈妈专门去学校，和班主任交换了一下看法，最后他们得出结论，必须要想个办法来加强方健的集体荣誉感。在又一次班干部改选的时候，班主任任命方健为副班长，负责统筹班上即将开展的各种文娱、体育和其他的集体活动。那天方健放学回家，对妈妈抱怨了一大通，说老师真是不会任命人，自己压根就没有兴趣，耽误学习，说要辞职。妈妈微笑着听完他的牢骚，然后慢慢引导他："老师是信任你，才任命你当副班长的，你可以先尝试一段时间，如果你实在做不好，然后再辞职也不迟啊。"听了妈妈的话，方健觉得自己可以试试。接下来，妈妈为了培养儿子的集体荣誉感，也积极地帮助儿子的班级活动出谋划策。在这期间，方健成功地组织班上开展了一场诗歌比赛、一场书法比赛，还带领班级在学校的演讲比赛中得了第一名。看着儿子越来越热衷于参加集体活动，越来越自信，越来越开朗。方健的妈妈心里终于松了一口气，因为她深切地感受到培养儿子的集体荣誉感，给他带来的变化太大了。

现在，像方健的妈妈这样注重培养男孩集体荣誉感的父母不多，大多数的父母都将主要的精力放在关注男孩的学习成绩上。在他们看来，男孩的学习成绩好就代表了一切，而集体荣誉感又不能证明什么，对男孩来说参加过多的集体活动还耽误男孩的学习呢。其实，这种想法是十分错误的。

马克思有一段名言：“只有在集体中，个人才能获得全面发展其才能的手段。”“一个人的发展取决于和他直接或间接进行交往的其他一切人的发展。”这就告诉我们，个人的发展离不开集体，集体是人全面发展的最有利的环境。一个人要是离开了集体，就像是离开水的鱼，连基本的生存也不能，更谈不上发展了。

但是，现在我们的男孩普遍面临着集体荣誉感缺失的现象。这是为什么呢？当前，父母对独生子女的精力主要集中在他的学习、生活上，对他所有的事情都大包大揽，这样培养出来的男孩不仅缺乏独立性，并且容易以自我为中心，这种自私自利的习惯一旦带入学校，就会缺乏“集体”的概念，更谈不上集体荣誉感。很多男孩从小在家里就缺少“同龄集体环境”的锻炼，对同学、对班集体的事漠不关心表现得更加明显，这也是造成集体荣誉感严重缺乏的一个原因。

集体荣誉感是激励男孩改正缺点，积极向上，战胜困难的无形力量。对他们来说，有了集体荣誉感，他就会表现出主人翁的责任感，会从各个方面来严格要求自己，以求自己的行为不给集体抹黑；集体荣誉感也是一种约束力量，男孩会因为做了有损于集体荣誉的事而感到耻辱和内疚，从而使每个男孩都能为维护集体的荣誉和利益而服从集体的决定，克服自身的缺点。反之，如果一个男孩缺乏集体荣誉感，他就会觉得什么也无所谓，会因为缺乏向心力而没有斗志，会因为放松对自己的要求而落后，同时他也不能处理好和班级同学之间的人际关系。这对男孩来说是一件十分危险的事情。

所以，父母一定要培养男孩的集体荣誉感，这样不仅有利于男孩的进步，也有利于集体的发展。

那么，父母应该从哪些方面来培养男孩的集体荣誉感呢？

### 步骤一：

让男孩认识到个人与集体的关系。

父母要引导男孩意识到个人和班集体之间是相互联系的，集体的荣誉和成功要靠着每一位同学的努力。当男孩取得了进步和优异成绩的时候，也让他意识到这离不开集体的帮助。所以每个人都要热爱集体，要为集体做些自己力所能及的事情，这样集体才能发展得更好，只有集体发展好了，个人才能得到良好的发展。

### 步骤二：

引导男孩积极地为集体贡献自己的一份力量。

在集体中，难免有人会遇到这样那样的困难，要引导男孩积极去帮助那些有困难的同学，要以自己的爱心温暖别人的心，只有这样，将来在自己遇到困难的时候，才会得到集体成员的关心和帮助。要努力地为集体贡献自己的一份力量，只有每个人都热爱集体，关心集体，集体才能取得更大的荣誉和成就，也才能更加激励个人的努力。

父母要鼓励男孩去积极参加集体活动，多为集体出谋划策，这样既能增强男孩的主人翁意识，也能让他在感受乐趣的时候，不知不觉地融入到集体当中。

**步骤三：**

建立良好的人际关系，培养男孩的协作精神。

平等、团结、友爱、互助、民主是新时代我们建立良好的人际关系的基本原则，男孩只有学会建立良好的人际关系才能把自己更好地融入集体这个有机整体。在集体活动中，很多时候都要集体成员的相互协作才能完成任务，所以父母要注重培养男孩的协作精神，培养他尊重他人、团结同学和谦虚的良好品质，这样才有助于他从小养成集体协作的精神。

**步骤四：**

父母要加强和学校老师之间的联系。

父母要加强和学校老师的联系，这样才能针对男孩出现的问题找出良好的解决办法。同时也有助于父母积极地参与进来正确地引导男孩。因此父母要和男孩的老师多联系，有时候父母没有意识到的问题可能老师早就发现了，只有加强联系，才能互通信息，才能使男孩更好地成长。

## 提高男孩的社会责任感

刘辰今年16岁，别看他年纪不大，可是他的社会经历却十分丰富。刘辰说，这些都是妈妈积极引导的结果。刘辰的妈妈是一名热心环保的公益人士，所以在刘辰小的时候，妈妈就带着他一起去参加环保活动。

刘辰说自己7岁的时候，妈妈就带着他和环保志愿者们一起去公园里面捡垃圾，去风景区的各个角落捡垃圾。记得小学六年级的那个暑假，刘辰还参加了妈妈的环保志愿队组织的“保护母亲河”的活动，给了他很大的触动和启发，刘辰说，那次活动让他意识到环保活动光靠几个人的力量是远远不够的，必须加强宣传的力度，吸引更多的人来参与环保活动，只有这样才能更好地保护环境。除了参加环保活动，周末的时候，妈妈还支持刘辰去参加社区的义工，去养老院看望孤寡老人，去医院陪病人聊天等等。正是因为参加了很多的社会锻炼，现在的刘辰看起来要比他那个年龄的男孩思想成熟，意识更独立，对问题的看法有自己独到的见解，并且被学校选为保护环境小天使。刘辰的妈妈也说，儿子积极地参加社会锻炼，既丰富了生活，也从中获得了不少的知识和经验，所以现在不管刘辰自己做什么，家人都是比较放心的。

当然，像刘辰妈妈这样注重引导男孩参加社会锻炼的，毕竟是少数。当今，我们的基础教育，无论是学校还是家庭对男孩的分数和技能都给予了过多的关注，很多老师和父母只希望自己的男孩“一心只读圣贤书，两耳不闻窗外事”，而忽略了引导他参加社会锻炼。

有这样一则新闻：香港科技大学和香港大学曾经在内地进行面试的时候，提出了这样几个问题：“澳门赌场对拉动当地GDP有很大贡献，你认为中国内地如果设赌场的话，会对中国GDP有什么影响？”“如果你是中国地方长官，你认为中国存在什么问题，怎么改进？”尖锐、复杂的面试题让那些高分的尖子生们犯了晕，他们不知道该怎样来回答。

其实，分析原因我们就不难发现这些题目涉及社会的各个方面，而我们的孩子因为一心只读圣贤书，不去关注一些社会事务，不去参加一些社会锻炼，所以社会责任感极度缺乏，这也就说白了他们为什么回答不出这些问题了。

我们的父母可以先来看看国外的孩子是怎么来参加社会锻炼的：

法国注重社会对孩子的保护，也注意从小培养孩子对社会的责任感。在法国，每年2月的最后一个星期是捐献日，也叫“黄硬币”活动，就是中小学生们把自己平时黄颜色的5分、1角、2角的钱币攒起来，学生们拿出自己的储蓄，捐给那些住在医院里需要帮助的孩子。

绝大多数美国学生，在上学期间都打过工，这不仅仅是做好事而已，也是美国教育的重要组成部分。从培养尖端人才的常青藤盟校新生录取要求来看，越是名校，对学生的综合能力考察就越严格。一位普林斯顿大学的负责人更明确指出：“我们要看申请人在社区服务方面的创造精神。”因此，在这样的入学前提下，有志申请名校的高中生们都会利用假期和课余时间参加实习和社会服务工作，以增加社会经历，开阔视野，并提升自己的实际工作能力。

看完国外的做法，不少父母一定意识到了引导男孩参加社会锻炼的重要性了。据心理学研究表明，“少年时期是道德信念和道德理想形成的时期，是世界观萌芽的时期，是开始以道德信念和理想来指导自己的行为的时期。”父母要认识到，虽然男孩还小，能力也还有限，但是他总是要长大的，将来会在社会上担任一些角色。如果从小不注重培养男孩的社会责任感，那么在他长大之后不仅会失去精神依托，也难以适应社会的发展需要。对男孩来说，强烈的社会责任感可以带来使命感和荣誉感，激发他发挥自己的潜力，使他成为合格的社会人。



那么，父母应该怎样引导男孩通过参加社会锻炼来培养他的社会责任感呢？

### 步骤一：

要培养男孩树立远大的理想和明确的奋斗目标。

可以让男孩通过阅读名人传记，从伟大人物的品质中汲取营养，也可以激发男孩向榜样学习，从而树立远大理想。只有树立了远大的理想，男孩的视野才能变得开阔起来。只有树立远大的目标，才能将个人利益与民族利益、社会利益紧密地联系起来。只有引导男孩积极地参加社会锻炼，才能培养他强烈的社会责任感。

### 步骤二：

引导男孩关注时政、社会大事。

父母应该时常抽出一定的时间，坚持与男孩一起听新闻，阅读报纸，共同讨论国家大事和有关社会重大问题。比如有的地方发了严重的洪灾或者地震，政府号召社会各界积极援助。父母可以就这个问题和男孩展开讨论，引导他积极地开始行动，用行动来证明自己。父母一定不要反对男孩的行动，这样会挫伤男孩积极地参与社会锻炼的积极性。

### 步骤三：

为男孩树立良好榜样。

父母要通过自己积极地参加社会锻炼来引导男孩参加社会锻炼，这样才能为男孩树立良好的榜样。在日常的生活中要培养男孩助人为乐、热爱集体、关心他人的良好品质。父母的支持和引导对男孩将是最大的激励，他也会在这激励的作用下，严格要求自己去努力实践。

## 不要扼杀男孩的责任感

10岁的强强正在窗前写作业，不经意间看见妈妈回来了，推着自行车，买了一大袋的东西，于是强强想也不想，就放下手中的笔去给妈妈帮忙，没想到妈妈见到强强的第一句话就是："你不在家好好写作业，跑出来干什么？"这时候强强虽然觉得自己有些委屈，但是看见妈妈正在气头上也不好争辩，只得默默地接过妈妈手里的购物袋。

这样的现象我们在生活中会不时见到。不少父母总是因为这样或者那样的原因扼杀了男孩的责任感，而他们自己却浑然不知。

许多父母望子成龙心切，一心只想着让男孩成才，让男孩只顾着搞好自己的学习就可以了，他们也会尽其所有、尽其所能地替男孩做好"后勤"工作，把男孩的责任硬是揽到自己的肩上。当男孩有了一点点的责任意识的时候，他们就会充当杀手，拿学习成绩来说事，结果不仅伤害了男孩的自尊，打击了他的自信心，还扼杀了男孩的责任感。这样不仅不利于男孩的成长，还会造成男孩人格的缺失。

具体来说，父母扼杀男孩的责任感表现在以下几个方面：

1. 父母破坏性的批评。

当男孩因为一件事情没有做好，父母就责骂他"没用的东西""废物""无可救药""笨蛋"等等，这样会严重地挫伤男孩的自尊心，会把他的不良行为放大，使他变得彻底无可救药。

2. 父母过分严厉，使男孩不敢负责，怕失败，怕惩罚。

在生活中，我们经常会听到这样的话："考试要是考不到前三名，你就别回家！""你要是考不上大学，妈妈就不活了！"这样的话会让男孩因为怕失败、怕惩罚，感觉自己负不起责任。

3. 父母帮助男孩包办一切，使他产生依赖感。

权威儿科博士詹姆斯告诫父母说：“依赖本身就滋生懒惰，精神松懈，懒于独立思考，易为他人左右等弱点。”所以说，处处对男孩包办代替，这不是在帮助他，而是在坑害他。

4. 对男孩不信任。

父母不信任男孩，对他管得过于严格或是父母对男孩不放心，时刻监视他，这些都会使得他缺乏责任感。只有父母对男孩的信任，才会激发他的责任感。

5. 父母本人的负面作用，加上有些父母过于专横，喜欢强迫男孩。

一些父母不注意自己的言行，把一些负面的行为传染给自己的孩子。还有些父母过于专横，事事都要男孩按照自己的要求和标准来做，这样会让他觉得很压抑，时间久了也会形成焦虑、畏缩和心胸狭窄等性格特征。

那么，父母应该怎样做才能不扼杀男孩的责任感呢？

### 步骤一：

鼓励男孩学会自我服务。

很多父母都把自己无限的爱倾注在了孩子的身上，让他过着衣来伸手、饭来张口的生活，其他的事情一概由家人代劳，明明孩子很想自己学着穿衣、学着自己买东西，可是全部都被父母否决了。这样在父母的过分溺爱中长大的男孩，是不会有责任感的。所以说，父母要鼓励男孩学会自我服务，鼓励他学着做一些自己力所能及的事情，不管他做得好不好，父母都应该给予积极的支持。在做事情的时候，要引导男孩有始有终地把一件事情做好。



### 步骤二：

鼓励男孩参与家庭生活。

不少父母都觉得孩子还小，什么也不懂，家里的事情不需要他插嘴，更不需要他插手，每次男孩还没有说出他自己的看法，父母就会说：“去去去，一边待着去，大人的事小孩不要管。”这时父母应该转变观念，把他看做是独立的个体，是与自己地位平等的人，家里的一切事情都可以征求他的意见，尤其是他自己的事情更要听听他的想法。这样男孩才能觉得自己是被尊重的，是被需要的，责任感会油然而生。

### 步骤三：

要看过程，不要只盯着结果。

男孩因为年龄小，在做事情的时候难免出现各种差错，父母一定要包容他的错误，不要越俎代庖，更不要打骂。要看到男孩在做事的过程中的那种敬业精神，看到他在做事的过程中表现出来的专心、认真、细致，而不要只在意总不成功的结果。男孩也只有通过不断的实践体验才能逐渐提高自身的责任意识。

### 步骤四：

坚持正面教育。

男孩的责任感是一个逐渐形成的过程，他需要不断地尝试，更需要父母不断地鼓励。父母在孩子完成一件事情之后，要给予及时合理的评价，让男孩从中看到希望，这样他才能继续完成他的任务。合适的时候，父母还要给孩子及时的引导，教他怎样才能做得更好更完美。要通过自己的激励，帮助男孩树立信心，这样他才能不断地发挥自己的潜能。

# 第六章

# 穷养品质

## ——拥有绅士风度的男孩受欢迎

### 宽容——绅士的风度

剑剑放学回家，妈妈发现他一副闷闷不乐的样子，问他怎么了，他告诉妈妈："昨天同桌明明借我的漫画书看，早晨还我的时候，我发现中间有几页皱巴巴的。他怎么这么不小心啊，看书的时候还喝饮料！这可是爸爸送给我的生日礼物，并且是我最喜欢的漫画书！现在被弄脏了，我很伤心。我让他赔，他不肯，我就和他吵架了。真让人生气，早知道他是这样的人，我就不借给他了。"说完，剑剑委屈地哭了起来。"那明明给你道歉没有啊？"妈妈问。"他就和我说了声对不起。可是对不起谁不会说啊，但是我的书被他弄成那个样子，一句对不起就能让我书上的污渍消失吗？"剑剑不满地说。

妈妈看着儿子很委屈，先是安慰了他一阵子，然后跟他说："剑剑，你要知道我们每个人都有犯错误的时候，明明也不是有意的，他也不想把你的书弄脏的，是不是？何况他已经给你道过歉了，作为好朋友，你应该原谅他。前段时间你弄坏了隔壁涛涛的电动火车，涛涛不是什么也没有说就原谅你了吗？你也应该向涛涛学习，大度地原谅明明。你难过，其实明明比你更难过呢！”剑剑听了妈妈的话，渐渐停止了哭声。后来，在妈妈的劝导下，剑剑打电话给明明，就吵架的事情向明明道了歉，并且，他没想到明明已经给他买了一本新的漫画书呢！

孩子的宽容心是一种非常珍贵的感情，它主要表现为对别人过错的原谅，不仅是孩子的一种美德，一种品质，也是一种做人的艺术和境界。宽容别人就等于宽容了自己。

现在的孩子大多是独生子女，从小就被娇生惯养，滋长了他的任性、固执、以自我为中心，目中无人的性格，因此他根本不知道宽容是何物。在学校、班集体中，在与同学相处、合作时，他往往很难发现自己身上的缺点和错误，也发现不了他人的优点和长处，经常会为一点小事和同学斤斤计较，有的时候甚至大动干戈。有些父母看见自己的孩子受了一点点小委屈，就说：“别人对不起你，你就对不起他，别人打你，你就打他。”这样不仅影响了孩子和同学之间的关系，将来长大了也会影响到他人际关系的处理，甚至还会影响到孩子日后的夫妻关系。

世界上没有十全十美的人，每个人都有自己的优点和缺点。父母要教育男孩学会欣赏别人的优点，包容、宽容别人的缺点和错误。要想想自己也有很多的缺点，可能很令别人讨厌。在和别人相处的过程中多一点包容，就是多给自己机会与别人好好地相处。宽容能使人和蔼，能使心灵有回旋的余地，能使人很快地适应各种不同的环境，融洽地与人合作，充分实现自己的潜能。

捷克教育家夸美纽斯认为，有了宽容，才有平等；有了平等，才有尊重；有了尊重，才有教育。在生活中，富有宽容心的孩子往往心地善良，性情温和，惹人喜爱，受人拥护，很有一种绅士风度；而缺乏宽容心的孩子往往性情怪诞，易走极端，不容易让人亲近，因而人际关系往往不好，在社会上难以立足，更谈不上大有作为。因此，父母应该注意培养男孩的宽容心。

那么，父母如何培养男孩的宽容心呢？

### 步骤一：

父母要给男孩树立宽容的榜样。

父母是孩子的榜样，因此做父母的首先要以身作则，自己要拥有宽容之心。首先表现在对待孩子的错误上，要宽容；还有就是对某些人和事情有偏见的时候，不要在孩子的面前表露出来，以免他受影响。对人对事，只有做父母的先做到了宽容，给孩子树立了榜样，他才能学会宽容。

### 步骤二：

让男孩学会理解他人，学会换位思考。

金无足赤，人无完人，每个人都不是十全十美的，总有这样那样的缺点。在与人相处的过程中，没有必要求全责备，应该求同存异。

对他人的缺点应该报以宽容的态度，给予理解，并且原谅。凡事应该多站在他人的角度换位思考，这样矛盾就更容易化解，自己也更容易快乐。只有这样才会让自己赢得别人的尊重，为自己赢得良好的人际关系。当然，父母要让孩子明白宽容不是懦弱，对那些坏人是没有必要宽容的，应该教会孩子明辨是非，对坏人、坏事一定不要妥协。

### 步骤三：

鼓励男孩多与同伴交往。



父母应该鼓励男孩多与同学、同伴交往，只有在和人交往的过程中，男孩才会发现每个人都有这样或那样的缺点，每个人都会犯这样或者那样的错误，学会宽容才能得到更多的友谊。在和同伴相处的过程中，父母还要教导男孩认识别人的优点，真诚地赞美，不嫉妒、不鄙视那些比自己差的人，这样才能更好地团结人，获得更多的快乐。

### 步骤四：

父母可以多给男孩讲一些宽容的小故事。

故事是教育和启发男孩的重要手段，在古今中外的历史上都有很多宽容的小故事，父母可以给男孩讲讲小故事或者是引导他多看书。尤其是针对一些具体的事情的时候，用一些小故事来教育他，会收到良好的效果。

### 步骤五：

鼓励男孩“纳新”和处变。

世间的万事万物都是不断变化和发展的，父母要引导男孩多见识一些新鲜的事情，让他明白事物是发展变化的，我们是生活在这个变化的社会中的人，应该善于接受这些变化，敢于创新。要学着适应这个不断变化发展的社会，这样自己也会不知不觉变得宽容起来。

### 步骤六：

多带男孩去亲近大自然，在大自然中陶冶他的情操。

大自然是博大和宽广的，对孩子们来说大自然也是一部天然的书，里面的内容非常丰富。父母应该多带孩子去旅游，欣赏祖国的大好河山，还有那些奔腾的河流、浩瀚的海洋、秀丽的景色都可以陶冶男孩的心灵，并且可以开阔他的胸怀和视野。

## 谦虚——绅士的风范

“谦虚使人进步，骄傲使人落后。”这句话几乎每个人都知道，但是做的时候就没有那么容易了。现在有些男孩特别喜欢显摆，自己有一点小成绩，就骄傲得不行；有些男孩好胜心很强，总是喜欢事事争个输赢；有些男孩爱慕虚荣，往往喜欢不懂装懂。其实这些都是男孩的一种自我表现心态，就是为了证明自己能行，自己很强。

阳阳从小就是个聪明的男孩，每次考试成绩都不错，数学基本上是满分，参加过多次省市奥数比赛。现在他虽然才上小学六年级，但是他已经自学完了初中的课程。也因为有这样的成绩，阳阳十分自满。

爸爸妈妈每次都提醒他，让他不要自满，要学会谦虚，多听听老师的讲解，然后想想自己是怎么理解的，这样通过对比来找出差距，有利于进步。但是阳阳根本不把父母的话放在心上，心想，我都会了，有那个必要吗？因此，阳阳在学校也非常清高，他看不起自己的任课老师，觉得他们的水平太差，自己没有他们还不是一样自学得很好。因此他经常在课堂上睡觉或者找周围的同学说话，要不就是做各种小动作。他还觉得同学们都不如他，所以他也不愿意和别人一起玩，要是有同学向他请教不会做的题目，他总是不耐烦，并且满脸的不屑和鄙视，还说别人笨，就这样，渐渐地同学们都疏远了他。

面对这样的男孩，父母应该耐心地引导，要让他明白每个人都有自己的优点和缺点，其他的人身上也有很多值得我们学习的地方，我们应该多发现别人的优点，取长补短，来改正自己的缺点。要改正自己的骄傲、自满的坏习惯，因为只有这样我们才能取得进步，才能更好地和别人相处。要教育男孩一定要不懂就问，不要不懂装懂，要明白“三人行，必有我师”的道理。在人的一生中总有学不完的东西，永远都不要满足、不要骄傲。

所谓“满招损，谦受益”，只有有了自知之明，才能更好地认识自己，才能严于律己，宽以待人。谦虚的人是能虚心向别人学习的人。谦逊不仅是一种美德，更是一种人生态度，一种处世智慧和人格魅力，谦虚的男孩更具有绅士风度。

那么，父母应该怎样来培养男孩谦虚的品质呢？

### 步骤一：

帮助男孩全面地认识自己，正确地看待自己。

父母应该帮助男孩全面地认识自己，既要看到自己的优点，又要看到自己的不足之处。当男孩在取得成绩之后骄傲的时候，父母应该教育他，这确实是你自己努力的结果，但是也有老师和同学的帮助。有时候男孩在某一方面特别有潜质，占了优势，父母要告诉他不能因为自己一点点的优势就沾沾自喜，应该把目光放长远，严格地要求自己。孩子只有在全面地认识自己的基础上，才能学会用别人的优点来弥补自己的缺点，更好地进步。

### 步骤二：

教育男孩正确地面对表扬和批评。

有不少男孩都喜欢听别人的表扬，而对别人的批评总是觉得委屈，不愿意接受，这些都是不谦虚的表现。父母应该教育男孩正确地看待别人的批评。我们每个人都有缺点，都会犯这样那样的错误，要学会接受别人的批评，接受别人的合理的建议，这样才能不断地完善和充实自己。面对他人的表扬，要教育男孩不要骄傲，要在成绩中看到自己的不足之处，通过自己的努力还可以取得更好的成绩。要不断地给自己树立新的目标，这样才能不断地进步。

**步骤三：**

要让男孩认识到骄傲的危害。

骄傲自满的人总是认为自己很了不起，这样的人比较容易在自己的人生道路上翻车，而有时因为受到打击，他会停止前进的脚步。当然在这里父母要引导男孩分清自信和骄傲的区别。自信是一种积极的人生态度，它能使人乐观上进；而骄傲是对自己的不全面认识，是盲目乐观，常会让人不思进取。有不少的男孩总是在两者之间犯迷糊，把自己那点小得意看作是自信的表现。父母这时候要及时帮助男孩走出这种误区。父母要让孩子明白成绩和成功都只是暂时的，代表不了什么，只有认清自己，不断地起跑，才能真正地取得成功。要教育男孩时刻保持奋进，这样他才能不断进步。

**步骤四：**

鼓励男孩不懂就问，引导他学会自己解决问题。

有些男孩为了面子，不愿意向别人请教问题，总是喜欢打肿脸充胖子，不懂装懂，到头来还是不懂。这样是不行的，父母要鼓励孩子学会不懂就问，这样的谦虚态度会赢得别人的敬重。而对于孩子不懂的问题，父母应该引导他学会自己解决问题，不要直接给出答案。这样通过自己的努力解决问题，他才会有一种成就感。这也是培养男孩独立解决问题的一种手段，可以更好地锻炼他，让他学点真正的知识和本领。

**步骤五：**

不要轻易地表扬男孩，要开阔他的视野。

当男孩取得成绩的时候，父母一定不要轻易地表扬他，要让他认识到自己的不足，要是父母给予过多的表扬，他就会翘起尾巴，迷失自我，从而不思进取。父母要引导孩子走出他狭小的圈子，带他到一些广阔的地方走走，多见识一些人和物，这样他才不会因为自己的这点成绩就沾沾自喜。只有站得高才能看得远，才能取得更高的成就。

### 步骤六：

父母要教育孩子平等地对待同伴、同学和周围的人。

人与人之间都是平等的，只有我们尊重别人，才会赢得别人的尊重。不要嫉妒别人的成绩，不要在取得一点点成绩的时候就目中无人。要正确认识到个人和集体、他人之间的关系，要把自己的成功归于大家的共同努力，不要贪功，这样才会赢得他人的尊重和喜爱。

## 诚信——绅士的基本品质

一个周五的晚上，妈妈和飞飞商量："我们很久都没有去看外婆了，明天我们一起去看外婆。外婆也很久没有见你了，上次打电话还在说很想你呢！"飞飞说："我和浩浩约好了，明天他先来找我一起去新华书店，然后我和他一起去踢足球。""那你想去外婆家吗？"飞飞点点头。"要不你给浩浩打个电话吧，告诉他你明天要去外婆家，改天你们再去踢球好不好？"飞飞想了想说："妈妈，我还是想遵守约定，因为是浩浩先约的我，我要是给他打电话，他会很失望的，他早就说要找我一起去踢球了。妈妈，能不能这样，这周我和浩浩玩，我们下周一起去外婆家好不好？你现在还没有给外婆打电话，她也不知道我们要回去的消息，就不会失望。而我要是和浩浩说我不去了，他一定很失望的，好吗？"这时候，在一旁的爸爸听了飞飞的话，对飞飞的妈妈说："我看飞飞的想法还是非常好的，平时我们都教导飞飞要做一个诚实守信的人，现在他这样做，我们应该支持。"妈妈听了飞飞爸爸的话觉得有道理，应该让孩子遵守约定，不能随便毁约。于是，妈妈答应了飞飞的要求。第二天，飞飞遵守和浩浩的约定，陪着浩浩去新华书店买书，然后一起去踢球，玩得很开心。而飞飞也觉得自己遵守了和浩浩的约定是对的，因为看着浩浩开心的笑脸，他觉得虽然没有去外婆家，但是心里还是为自己这次遵守约定而开心。

诚信是一种个人修养，也是一种道德行为。诚信既是一个人的立身之本，也是一个集体、民族、国家的生存之基。但是，生活中我们也会经常看到这样的现象：父母和孩子约好周末一起出去玩，结果周末因为自己的单位要加班或者有其他的事情而耽误了，孩子就会很失望；有时候，孩子出去和同学一起玩，父母总是很不信任孩子，回来之后就会追根问底，问他到底做了些什么，明显地不相信孩子；有时候，孩子也会答应别人做一件事情，结果到了时间自己却忘记了……尤其是父母对孩子的怀疑，会让他通过撒谎来交差，这就助长了孩子的不诚信。父母答应孩子的事情做不到，慢慢地也会影响到自己的孩子，使孩子会变得不遵守约定。

试想要是没有诚信，每个人都可以撒谎，可以欺骗他人，那么这个社会中的很多规则就实行不了，整个社会的生产秩序也会遭到破坏。有句话是这样说的：诚信是道路，随着开拓者的脚步延伸；诚信是智慧，随着博学者的求索积累；诚信是成功，随着奋进者的拼搏临近；诚信是财富的种子，只要你诚心种下，就能找到打开金库的钥匙。

父母应该从小就注重对男孩诚信品质的培养，让他遵守自己的诺言，遵守自己和别人的约定，这也是一个小绅士应该具有的基本品质。

那么，父母应如何培养男孩诚信的品质呢？

**步骤一：**

父母要自己守信用，做个诚信的人。

父母要做到言行一致，这样孩子才会守信，如果做父母的自己不能遵守承诺，孩子也会跟着模仿。有些父母喜欢随意地给男孩许诺，但是过后就忘记了，这样会降低自己在孩子心目中的地位，使得他丧失对父母的信任。父母要记得答应孩子的事情一定要做到，答应带他去游乐场就一定要去，要是临时有事情的话要考虑事情的重要性，如果不重要，就要遵守和孩子的约定；如果事情确实很重要，不能推脱，就要和孩子说明情况，办完事情之后还是要遵守约定带孩子出去玩，这样才能取得男孩的信任。

### 步骤二：

对男孩进行诚信教育，鼓励孩子与他人诚信相处。

父母要通过一些实例和故事对孩子进行诚信教育，比如，父母可以针对社会上的那些坑蒙拐骗行为进行态度鲜明的批判，要让孩子坚信，这种弄虚作假的行为必将受到惩罚；还可以给男孩讲一些名人们的诚信故事。诚信是获得友谊的基础，父母应该鼓励男孩与他人诚信相处。诚信不仅仅是言语上的承诺，更主要的是对承诺的实践。让孩子明白要遵守自己的约定，这样才能赢得周围的人和朋友们的信任。

### 步骤三：

满足男孩的合理要求。

有时候，孩子们不诚实，主要是他的某种精神和物质的需要没有得到满足，而父母的过分抑制，就会让他采取不诚实的方式来满足自己的某种需要。父母应该认真地分析男孩的需求，尽量地满足他合理的要求。比如一个男孩的文具盒确实是坏了不能用，就可以给他买新的，要是孩子为了和同学们攀比要买新的，父母就不能答应。当男孩给父母讲明白自己的要求的时候，父母就应该帮着孩子分析哪些要求是合理的，哪些要求是不合理的；哪些要求可以现在满足，哪些要求可以延迟满足。这样孩子才不会走极端。

### 步骤四：

父母要勇于承认自己的错误。

当父母对男孩的一些承诺没有兑现的时候，或者是对孩子讲了一些不诚实的话时，一定要记得放下架子，及时地向孩子承认错误，这样才会赢得孩子的信任。如果父母将错就错，会严重伤害孩子的心灵。无数事实证明，在那些充满民主、爱心和责任感的家庭，在那些日常生活中表现出诚信和美德的家庭，孩子的诚信品质便能得到很好的塑造。另外，父母要尊重孩子，对男孩的一些行为不要太过怀疑，更不要凭猜疑诱导男孩撒谎。

## 爱心——男孩也应有玲珑剔透的心

爱心，就是能觉察体验别人的心情，能站在别人的位置与角度，感受别人的欢乐、痛苦、烦恼、失望之心。爱心是人性中最基本的东西，是一个人最基本的素质。孔子说：“仁者爱人。”费尔巴哈说：“爱是存在的标准——真理和现实的标准，客观上如此，主观上也是如此。没有爱，也就没有真理。”

然而，现今的孩子普遍缺乏爱心，他们集万千宠爱于一身，却不懂得对别人付出一点点爱。好饭菜要独吃、先吃；衣服鞋帽要父母帮助穿、脱；只知道伸手向父母要这要那，对父母却从不关心，父母生病不闻不问；自己的生日记得清清楚楚，可是对于长辈的生日却毫不知晓。他们任性、乱发脾气、不懂得体贴大人、对父母长辈呼来唤去。



兵兵一出生就掉进“福窝”里了，爷爷奶奶疼着，爸爸妈妈爱着，有什么好吃的都是兵兵一个人独享。都上初中了，还从来没有做过家务，每次换下来的衣服鞋子扔得到处都是，看见妈妈周末在家辛苦地拖地，他不仅不帮忙，还说，拖那么勤干吗？妈妈和奶奶平时看电视爱动感情，每当看到那些弱势群体的艰难生活，都会忍不住掉眼泪，觉得那些人真的很可怜，但是坐在一旁的兵兵却对此不屑一顾，一脸的冷漠，还说，有那么感人吗？

有一次，兵兵的妈妈从超市拎回来几大袋东西，因为是走路回来的，累得满头大汗，而兵兵看见妈妈，什么反应也没有，继续坐在沙发上跷着二郎腿看他的电视。妈妈让他帮忙倒杯水，他不耐烦地说："我正看得起劲呢，你自己不会倒啊？"妈妈当时觉得十分寒心，她怎么养了一个这样的儿子啊！

其实，孩子们并不是天生就缺乏爱心的。据儿童心理学家研究，孩子生来就具备爱心，善良和同情都是孩子的天性。婴儿一岁前就有对别人的情感反应，如果旁边有孩子哭，他也会一起哭。一两岁时，孩子看到别人哭，就会拿自己喜欢的东西去安慰，这表明他已能清楚地分辨自己和他人的痛苦，并有了试图减轻别人痛苦的本能，但不知道该怎样做才好。到了五六岁时，孩子开始进入认知反应阶段，他知道什么时候该去安慰正在哭泣的同伴，什么时候该让他独处。

一些孩子为什么会变得没爱心了呢？根源就在于父母的溺爱。如今很多家庭都是独生子女，父母对孩子过分溺爱，这就导致孩子自我意识的膨胀，只知道向别人索取，却不愿意付出。还有就是在当今的社会环境下，父母和老师过分注重孩子智力的提高，却忽视了对他进行道德教育，这样就会造成孩子爱心的缺失。

冰心老人说过："有了爱便有了一切。"每个人都是在"爱"中诞生，在“爱”中成长。一个从小就懂得关心父母、爱护他人的孩子，长大后才能热爱祖国，关心爱护周围的一切。同样，一个有爱心的孩子，长大后才能与更多的人合作，获得更多的机会，取得更多的成功。世界因为有爱才精彩，生活因为有爱才幸福，心灵因为有爱才富足。身为男孩也应该有一颗玲珑剔透的心，父母应该注重对男孩爱心的培养。

那么，父母应怎样才能培养男孩具有爱心呢？

### 步骤一：

父母首先要给男孩树立榜样。

要想男孩有爱心，父母必须首先拥有爱心，要注意自己的一言一行，比如要孝敬老人、关爱家人、乐于助人，这样才会把自己的爱心潜移默化地传给自己的孩子。

### 步骤二：

在日常生活中注重培养男孩的爱心。

培养男孩的爱心，需要从日常生活中来培养。比如，教育男孩看见爸爸妈妈下班回家很累了，就去帮助他们倒杯水；爷爷奶奶生病要给予问候；在公共汽车上主动给一些老弱病残孕让座等等。只有从这些日常生活中的小事做起，才会慢慢积累孩子的爱心。

### 步骤三：

父母要珍惜男孩爱的表达。

有时候，孩子可能突然间对生活有了新的认识，对爱有了新的顿悟，向你表达了他的爱，在这个时刻，你一定不要漠视，要关注孩子的这一变化，并且要珍惜他的情感。这个时候，你可以和孩子进行一场亲切的交谈，这样可以拉近你们之间心灵的距离。

### 步骤四：

要保护男孩的爱心，并且给他提供奉献爱心的机会。

著名教育家卢勤老师说："孩子的爱心是稚嫩的，你在乎它，它就会长大；你忽视它，它就会枯萎；你打击它，它就会死去。"有时候，男孩看见路边的乞丐或者流浪汉会很同情他们，要主动给他们捐钱，这时候父母应该鼓励，不要说他们不值得同情，不应该给钱之类的话，应该鼓励他奉献爱心，这样做也是在保护男孩的爱心。平时也可以多带孩子去参加一些献爱心的活动或者给一些贫困灾区的孩子捐款。

## 礼仪——彬彬有礼是绅士的标签

"礼"是指由一定社会的道德观念和风俗习惯形成的，大家共同遵守的礼节；"仪"是指人的容貌、举止。"礼仪"指的就是人类社会交往中应有的礼节仪式。孔子曾说过："不学礼，无以立。"就是说一个人要有所成就，就必须从学礼开始。我国很早就享有"礼仪之邦"的美誉，讲文明、懂礼貌是中华民族的传统美德，而文明礼貌是现代人最基本的素质要求，也是人际关系和谐的纽带，更是通向友好交往的桥梁。

但是，在日常生活中我们经常会看见一些不讲礼貌的孩子，他们有的比较自私、爱发脾气、任性、固执，有的听不得批评、不懂得向人道歉，有的说话没大没小，家里来客人不懂礼貌问候，饭桌上挑挑拣拣、旁若无人等等。孩子有没有礼貌不是天生的，是后天培养出来的。

礼仪不是一种简单的形式，它应该是对他人尊重并赢得他人尊重的一种发自内心的行为体现。它应该包括：语言文明——说话要和气文雅，不说脏话，不恶语伤人；行为文明——举止要庄重，不轻浮、粗野，不打人骂人，不欺老凌弱，自觉遵守规章制度、纪律和法令，尊重他人的劳动和人格，不妨害他人正常工作、生活、学习和公共利益；交往文明——在与他人交往中落落大方，彬彬有礼，待人热情诚恳，充满爱心，对长辈尊敬有礼，助人为乐；仪表文明——不过分打扮孩子，穿着要整洁、朴素、大方、得体，打扮既要健康漂亮，也要合乎民族文化传统等等。

英国教育家斯宾赛说，礼仪修养是一个人全部品德的基础，不礼貌不文明的行为，既不利于孩子自身的发展，也将严重危害孩子的品性。在生活中受欢迎的人，往往是那些有礼貌、有教养的人，他们也有较好的发展机会与人际关系。人们在交往中都渴望有良好的人际关系，都渴望得到别人的喜爱和尊重，加上当今社会是一个充满激烈竞争的社会，对人的礼仪习惯的要求就更高了。

所以说，父母要注重培养男孩良好的礼仪习惯，从而让他成为彬彬有礼的小绅士。

那么，父母应怎样培养孩子的礼仪习惯呢？

### 步骤一：

父母要摆正对男孩的礼仪教育观。

父母要培养谦虚有礼貌的男孩，就必须首先要纠正自己的一些不当的心理：一是过于迁就、纵容自己的孩子，不愿意让他受一点委屈、吃一点亏，这样时间长了，孩子就会变得自私起来；还有一点就是纵容自己的孩子处处逞能，孩子欺负别的同学也不加批评，反而认为这是一种“能”。这样培养出来的孩子不仅不讲理，更不能适应社会的需要，所以父母在礼仪上一定要严格要求自己的孩子。

## 步骤二：

父母要从日常生活中培养孩子的礼仪习惯。

父母要从日常生活中培养男孩的礼仪习惯，并且要坚持下来，这样才能让男孩养成讲究礼仪的好习惯。主要表现在以下几点：

1. 要求男孩使用文明礼貌用语。在日常交流中，要让男孩多讲如“您好、谢谢、请、对不起、没关系”等文明词语。

2. 要求男孩保持仪容仪表的整洁。平时要穿戴整齐、勤洗头洗澡、勤剪指甲、早晚刷牙等等，这样孩子才会养成良好的卫生习惯。

3. 在行为举止上，从站、坐、行以及神态、动作方面给男孩提出要求。如站的时候身体要直立，走路要昂首挺胸，坐姿要端正等等。

4. 教育男孩要注意自己的表情神态。在和人交往的过程中，要面带微笑，不要出现掏耳朵、挖鼻子、搔痒痒等不良习惯动作。

## 步骤三：

及时制止男孩的一些不礼貌的行为，以恰当的语言教会男孩明礼。

碰见男孩与人交往过程中的一些不礼貌的行为，父母要及时指出来，但要注意自己的语言。粗暴的指责和严厉的批评对孩子的习惯的养成起不到任何作用，还会伤害他的自尊；过多的唠叨也会让他反感。父母应该采取冷处理的方式，先转移注意力，然后再和孩子讲清楚。对男孩说话的时候，不要使用命令的语气，要心平气和地和孩子交谈，这样才能收到良好的效果。

## 步骤四：

要给男孩创造礼仪示范的机会，让他学礼并且形成习惯。

好习惯的养成，是靠不断的练习形成的。父母在告诉男孩要怎么做之后，要创造一些条件，给他示范的机会。然后经过多次重复就会形成一种习惯，慢慢地他就会自觉地执行。比如，每天上下楼的时候看见隔壁的邻居，要叫叔叔好或者阿姨好；走在路上看见熟人要主动地打招呼，主动地向人问好。此外，父母有机会可以带着男孩去亲戚或者朋友家串门，这样在和别人的交往中，让孩子见识各种礼仪，这样孩子慢慢地就会养成以礼待人、以礼处事的能力。

### 步骤五：

表扬男孩的礼貌行为要具体。

父母应该留心孩子的行为，对于他的礼貌行为要多加鼓励，这样才会使得他严格要求自己，逐渐地养成礼貌的行为。不过父母在表扬男孩的过程中一定要具体，让男孩明白你为什么要表扬他。比如，男孩在公共汽车上主动给一位老奶奶让座，父母要这样说："你刚才主动给老奶奶让座，做得真不错。"男孩主动把手里的空矿泉水瓶扔进垃圾桶，父母可以说："你刚才把矿泉水瓶扔进垃圾桶，做得真好。"只有这样，孩子才会知道自己如何做才能得到父母的鼓励和肯定，并且会一直坚持下去。

## 分享——大气的男孩受欢迎

妈妈买回来一大袋宁宁爱吃的草莓，宁宁首先把草莓拿去洗了，然后自己边吃边看电视，没有让爸爸妈妈一起吃点。后来实在是吃不完了，宁宁就把剩下的草莓冷藏在冰箱里面，并且对爸爸妈妈说："不要吃我的草莓啊。"

有时候，宁宁的表弟来他家玩，知道表弟要来之前，他就会提前把自己喜欢的漫画书和玩具汽车藏起来不让表弟看见，怕表弟要看他的书和玩他的玩具。有几次，表弟央求他，要看看他书柜里面的作文书，央求半天，他还是不愿意把自己的书拿给表弟看。妈妈批评他说："弟弟总是大方地把自己的东西给你玩，好吃的同你一起吃，你看你，一点当哥哥的样子都没有。”

在学校，宁宁也是同学中间有名的小气鬼。他总是喜欢分享其他同学的瓜子、话梅和巧克力糖等零食，但是他带的东西从来都是自己偷偷地吃，不给任何人。有时候同学们问他借笔或改正液，他明明有，却说自己没有。为此，同学们都渐渐地疏远了他，并且总是在背后说他是个小气鬼。有时候宁宁听了也会郁闷一会儿，但是却不会妨碍他改变主意。他心想，我就是小气，怎么了？

爸爸妈妈对宁宁的行为也十分头疼，他们也不知道批评过宁宁多少次，但是他就是改正不了。

父母在生活中会发现，有些孩子不愿意与人分享自己的东西，但是，他却希望能够分享他人的东西。比如，有的孩子到了看动画片的时间，就把家中的大人都支出客厅，自己一个人躺在沙发上独享；有的孩子在家里来了客人的时候，把自己的玩具、图书、好吃的东西都藏起来；有的孩子吃东西从来没有想到过其他人。这样的孩子大都因为父母的百般宠爱，任性、专横、霸道，变得越来越自私、越来越冷漠，这些都是不利于孩子的健康发展的。

一个乐于和别人分享的孩子，则会与人和睦相处，与周围的人打成一片，他将自己所拥有的、能支配的物质与别人一起使用，将自己的欢乐、幸福、好处、机会等与别人一同体验，他会在与人分享中感受到快乐，进而变得开朗、自信、合群。

分享是孩子社会交往中的一种能力，要从小开始培养。

那么，父母应怎样培养男孩学会分享呢？

### 步骤一：

父母要学会分享孩子的东西。

我们所说的“分享”有两层意思：既要教孩子学会分享，还要父母学会分享——而这一点却往往被忽视。

父母不要娇惯和溺爱孩子，不要以孩子为中心对其无条件、无限制地满足。应该让孩子明白，他得到的东西是大家因为爱给予他的，因此他要学会和家人一起分享。当孩子和父母一起分享他的东西的时候，父母应该坦然地接受。在家里即使是剩下最后一个苹果，也要鼓励孩子切成块，爷爷奶奶、爸爸妈妈和他自己都有份。这样他才会在实践中明白要尊敬长辈，关心父母，有好吃的好玩的要和家人一起分享。久而久之，才会养成男孩乐意与人分享的好习惯。

### 步骤二：

利用同伴间的交往来培养男孩的分享行为。

现在基本上每家都是一个孩子，因为没有兄弟姐妹，孩子会变得孤单，家里有什么好东西都是自己一个人独占，学不会与人分享，不仅如此，在和人交往的时候，他因为太自我，往往顾及不到别人的需求和感受。瑞士心理学家皮亚杰曾指出：“一般的同伴交往和具体的同伴冲突是孩子发展视角转换能力的必要条件，是孩子摆脱自我中心的前提。”因此，父母要给男孩创造机会，让他有机会与小伙伴一起玩，有机会结识更多的朋友。可以让他邀请小伙伴来家里玩，和小伙伴一起分享自己的玩具、自己好吃的东西、好看的漫画书，因为从中可以体会到与人分享的乐趣，男孩就会变得更加大方和更加乐意与人分享。

### 步骤三：

对于男孩的分享行为要及时肯定与赞美。

当男孩有好吃的东西愿意和家人一起分享的时候，当他愿意和小伙伴们一起分享自己的玩具的时候，父母应该给予他及时的鼓励和赞美，这样孩子因为所做的事情得到家人的肯定，他就会强化这种意识并且保持下去。除了语言上的鼓励，父母也可以通过动作、表情、眼神来对孩子进行鼓励。

### 步骤四：

不要强迫男孩与别人分享他的东西，要从小事来培养他的分享行为。

男孩的分享行为应该是一种自觉的行为，只有这样，他才能获得分享的快乐。父母不能强迫他与人分享自己的东西，以避免他产生逆反心理。要从日常生活中的小事，对他进行正面的教育。比如一个橘子，他和爸爸妈妈一起分享，爸爸妈妈就会夸奖他懂事，虽然他自己少吃了，也会感到快乐。有时候父母要观察男孩不愿意与人分享的原因，引导他打破“为什么我的东西要分给他”的思维限制，来引导他学会分享。

另外，父母要允许男孩有自己视为宝贝的东西，这些东西可以不与别人一起分享。

### 步骤五：

要鼓励男孩换位思考，使他愿意与人分享。

有些东西孩子舍不得给别人玩，要让他换位思考，你的小伙伴是客人，应该主动把好玩的拿出来和他一起玩，如果你去他家的时候要是他也不给你玩他的玩具，你会不会难过呢？这样说男孩就会感同身受地思考，觉得确实是这样的，他就会乐意拿出自己的玩具和其他的小朋友一起分享。

## 幽默感——为男孩增添魅力

12岁的闻闻性格很内向，比较在意周围人的眼光，有时候同学们和他开玩笑，他也当真，很不高兴，觉得别人是在故意挖苦或者是讽刺他。有一次，同学李明看见闻闻的脸上不小心沾上了墨汁，觉得十分有意思，于是笑着对周围的同学说：“哈哈，你看咱们班上怎么跑来了一只小花猫啊，真是可爱。”同学们也觉得闻闻的脸上因为有了那几滴墨汁特别逗。但是闻闻这时候却生气了：“笑什么笑，不就是几滴墨水吗，有什么好笑的，谁再笑我就给谁的脸上也涂上墨汁。”听见闻闻这样说，同学们都停止了笑声，然后离开了他身边。而闻闻感到十分委屈，觉得自己的同学太不厚道了，不仅不帮助自己擦掉，还嘲笑自己。在李明和同学们看来，笑他并没有其他的意思，只是看着闻闻的模样觉得好玩，觉得这是给紧张的学习生活增加了一点笑料，可是没有想到闻闻的度量这么小，这么不近人情。从那以后，同学们渐渐都疏远了闻闻，觉得他太不幽默了，还那么凶。而闻闻因为同学们疏远自己，也变得更加悲观和郁闷了，但是他却不知道自己该怎么做。

在生活中，我们会发现有些男孩比较爱笑，很有幽默感；而有些男孩比较喜欢皱眉头，动不动就生气。然而，人们无一例外地都会喜欢那些笑容满面、有幽默感的阳光型男孩，不喜欢闻闻这样没趣味的男孩，前者不仅自己快乐，还会让他人快乐。

幽默感是孩子情商的重要组成部分。美国专家经研究发现，人的幽默感三成是天生，七成靠培养。因此，不少美国父母在婴儿刚出世6周便开始对其进行独特的“早期幽默感训练”。实际上不少较聪明的婴儿这时确已萌发“幽默意识”。一个典型的例子是：当父母故意抱着孩子作“下坠”动作时，一些孩子在体味下落感的同时，还会无师自通地意识到是大人在跟自己闹着玩，小脸可能会漾起笑容！

研究发现，孩子幽默感的发展与下面几个因素有关：第一，语言认知能力。孩子的认知与语言能力发展到一定程度后，“幽默感”即形成。当他听到或看到某件有趣的事时，经过判断后，就会发出哈哈的笑声。第二，父母的关怀。在3岁前得到父母疼爱与照顾的孩子，会表现出比较好的幽默感。因此，要使孩子成为一个“具有幽默感的人”，父母应多给予孩子爱与关怀。第三，愉快的学习气氛。在孩子成长学习的过程中，若总是处于一个轻松、愉快的学习气氛，会使孩子体验到快乐，并促使他以快乐的心情来看待周围的人或事物，有利于幽默感的形成。

俄国文学家契诃夫说过：不懂得开玩笑的人，是没有希望的人。在现实生活中，幽默可以淡化人的消极情绪，消除沮丧与痛苦，舒缓紧张气氛，使人能以轻松的心情面对生活，更能带给自己和别人喜悦和希望。具有幽默感的男孩会散发出一种亲和力，使他能获得更多的友情，赢得别人的信任，从而获得比较好的人际关系，能够深得大家的喜欢；具有幽默感的男孩一般都比较乐观、自信，他能够从容地面对生活中的种种困难和挫折，他阳光而富有朝气，总是给人一副生机勃勃的印象。

那么，父母应该怎样培养男孩的幽默感呢？

### 步骤一：

让男孩理解幽默的内在含义，父母也要用自己的幽默来感染孩子。

父母要教育男孩幽默不是油腔滑调，也不是嘲笑或讽刺，幽默是一个人应该拥有的一种生活的智慧，它会带给自己和他人快乐。父母要懂得真正地欣赏幽默，要让自己学会幽默，这样就会潜移默化地影响男孩成为一个乐观、豁达的人，增加他在人际交往中受欢迎的指数。

### 步骤二：

幽默必须建立在丰富知识的基础上，注意培养男孩良好的阅读习惯。

一个人要想具有幽默感，必须要有丰富的知识，这样他才能有丰富的谈资，和人进行各种有趣的谈论。而丰富的知识来自于博览群书，增加见识和底蕴，所以父母要培养男孩良好的阅读习惯，引导他广泛涉猎各方面的书籍，使其见多识广，和人谈论各种问题的时候游刃有余，说话幽默风趣，深得人们的欢迎。

### 步骤三：

多听男孩讲有趣的事情，对他的幽默感给予及时肯定。

孩子们总是喜欢告诉父母自己身边的各种有趣的事情以及他的各种有趣的见闻，父母应该耐心地倾听，并且发出会心的微笑。父母还可以引导男孩编幽默故事，改编电影、电视剧的情节或者给自己喜欢看的故事设计一个令人捧腹的结局。父母还要对男孩的幽默感给予及时的肯定，这样他的幽默会在潜意识中被强化，幽默感会越来越强。

### 步骤四：

教男孩学会热爱生活，乐观、宽容地看待各种人和事。

生活中到处都有幽默，父母要引导孩子用心去观察、去发现生活中的幽默，教孩子学会热爱生活、乐观地面对生活，学会宽容大度，克服自己斤斤计较的狭隘思想。这样孩子在和人打交道的时候才能用幽默解决各种矛盾纠纷，用幽默赢得大家的喜欢。当男孩遇到问题和困难的时候，父母应该给予他鼓励和支持，使孩子以正确的态度来看待生活，以良好的心态来面对失败，这样才不会损伤他的幽默感。

### 步骤五：

训练男孩的思维，让他成为思维敏捷的人。

大凡是具有幽默感的人，必是一个思维敏捷、应变能力比较强的人。因此父母要打破常规，别让习惯性思维来束缚男孩的头脑。父母平时可以常常考孩子一些“脑筋急转弯”的题目，可以引导他看一些比较有趣的电视节目。让孩子们在遇到难以回答的问题的时候，学会绕开问题，从另一个角度来进行幽默的回答，这样比直接面对问题会收到更好的效果。

# 穷养性格

## ——好性格才有好命运

### 自信让男孩一路畅通

老师说，凯凯是一个很胆小的孩子，课堂上他从来不喜欢举手回答问题，有时候被老师点名叫起来，他的声音也特别小。妈妈问他为什么这样，凯凯说，他担心自己回答错了，同学们会笑话他。班上要是开展什么文艺活动，文娱委员找他表演一个节目，他也总是担心自己演不好，不愿意上台表演。平时，凯凯和同学们的交流也很少，他总是一个人孤单地在自己的小圈子里面，其实他也很想和同学们一起玩的，但他怕别人不接受他，不知道该怎样和同学们相处。

在生活中，我们会看见一些像凯凯这样的男孩，不论做什么，他总是担心地认为自己“不行”“做不好”，怕自己把事情搞砸了。这就是男孩缺乏自信的表现。

一般来说，缺乏自信的男孩会有如下的表现：

1. 害怕面对新的事物。认为自己缺乏能力，害怕失败，于是不愿意去面对。对日常生活中的一些变化会感到不安、烦恼。

2. 过分依赖熟悉的成人，不敢独自面对事情，缺乏独立生活的能力。

3. 与人接触时，常低头不语，害怕面对别人的关注，总想躲开别人的注意。所以很难与伙伴建立友好关系，表现得比较孤独。

4. 对自己特别挑剔，不满意自己的行为结果。

缺乏自信对男孩的成长来说是十分不利的，因为缺乏自信的男孩很难把握机会和主动权，无法很好地做事情。自信是男孩最重要的品质之一，自信的男孩才能全面发展，在学习生活上的表现才能优异，并且容易获得快乐。因为自信的男孩在日常生活中非常有主见，他能够明确地表示自己能做什么、需要什么，十分能干。他能从容地面对各种挑战，努力地克服各种困难，积极地参加各种活动，成功的体验也会使他变得更加自信。常言道，自信是成功的一半，男孩只有自信，才能取得更大的成功。

那么，父母应该怎样培养男孩的自信呢？

### 步骤一：

尊重男孩选择的权利。

要把男孩看成是独立的个体，要相信他、尊重他，让他自己做决定。父母要信任男孩，放手让他自己去做自己喜欢的事情，全面地调动男孩的积极性。男孩们在自己做主的同时，也一次次地赢得了建立自信的机会。父母也要积极肯定孩子合理的想法和行为，提升他的自信心。

### 步骤二：

培养男孩的自理能力和独立思考能力。

父母可以放手让男孩做自己力所能及的事情，做得好的地方，给予及时的肯定，这样下次他会做得更好；做得不好的地方要给予及时指导；在做事情的过程中，男孩的自理能力会慢慢提高，他会觉得自己很棒，自然自信心就会提高。此外，父母还要培养男孩的独立学习能力和思考能力，让男孩自己学着思考在学习上遇到的问题，学着解决学习中的难题，学习时不要依赖父母。思考是解决问题的关键，学会了思考，就会提高解决问题的效率，随之提高自信心。

### 步骤三：

父母要给男孩足够的关爱。

心理学大师弗洛伊德指出："受到母亲无限宠爱的人，一辈子都保持着征服者的感情，也就是保持着对成功的信心，在现实中也经常取得成功。"父母要给孩子创造一个和谐的家庭，给孩子慷慨无私的爱，多拥抱他，鼓励他。当男孩犯错误的时候，在批评后要告诉他，父母不是不爱他了，而是为了他以后能做得更好。平时做父母的不管工作多么忙，都要抽出时间，陪陪男孩，沟通交流，让他感受到父母对他的重视。这是培养孩子的自信心，是父母应该做的最基本的工作。

### 步骤四：

多发现男孩的闪光点，肯定他的成功。

父母要了解自己的孩子，多发现他的闪光点，发现孩子除了学习之外还有哪些特长，要引导男孩看见自己的长处，这对于他自信心的培养具有重要的意义。相信每个孩子都有自己的特点，都有自己擅长的地方，只要将他的这些闪光点加以发扬，他就会更闪亮，自信心也更足。父母可以根据孩子的兴趣和爱好来培养他的一些特长，通过特长来帮助他树立自信心。

**步骤五：**

鼓励男孩多参加集体活动，支持他健康安全的冒险行为。

在集体活动中，男孩不仅有机会为集体贡献自己的一份力量，肯定自己的价值，还能体会到与他人合作的快乐，这些都可以消除男孩心中的自卑。父母应该支持男孩在安全的状态下尝试一些新鲜的事物，可能在尝试的过程中会遇到各种各样的失败，相信经历过失败，然后坚强地爬起来的孩子才能更好地成长。在孩子失败的时候，父母要多给他鼓励和肯定，要帮助他找出失败的原因，鼓励他再次尝试。让他看到自己尝试的过程，不要只看结果，这样有利于激发男孩继续探索的自信心。

## 男孩应该拥有积极进取的生活态度

健健本来学习成绩不错，但是上小学五年级的时候因为生病必须休学一年。等养好病再回到学校的时候，健健的妈妈还是给儿子选择了上小学五年级，因为直接升入六年级的话，马上面临着进入初中，妈妈怕健健的学习跟不上，考不上好学校。

但是，回到学校后，看着昔日的同学都升入六年级了，而自己还在上五年级，健健变得特别自卑，觉得自己太笨了，要是自己不笨的话，就可以和同学们一起上六年级了。加上有一年的时间没有上学，面对新同学，健健变得特别消极。在课堂上，他再也没有了往日的积极乐观，变得沉默、不喜欢回答问题。每次考试之前，总是一副忧心忡忡的样子，怕自己考不好。因为自己是留级生，怕同学嘲笑自己。越是这样想，健健就越是担心，越是没有信心。结果考试的时候因为健健的心理状态不好，很多会做的题目，也变得不会做了，第一次月考就考得十分糟糕。

因为考试成绩不理想，健健总是觉得同学们像在嘲笑自己，他的心理变得十分脆弱。对学习也渐渐地失去了信心，他不知道自己该怎样才能学好。他甚至对学校感到害怕和厌倦，他怕上学，怕自己学习不好，怕自己辜负了父母和老师的期望，因为这样，他每天都很忧虑。看着孩子一天天地消沉下去，健健的父母也不知道该怎样来帮助儿子排遣心中的压力，他们觉得十分苦闷。

上文中的健健就是一个消极悲观的典型例子，因为悲观，因为不自信，所以他的心情就变得越来越忧郁，对自己的学习、对生活都看不到希望。

英国作家狄更斯曾经说过，一个健全的心态，比一百种智慧都有力量。积极进取的生活态度对每个孩子的一生都非常重要，因为积极进取的态度是和乐观、自信、成功联系在一起的。一个心态积极的男孩无论何时他都会看到生活中积极乐观的一面，这样他就能够积极地面对自己的学习生活，在人际交往中和别人建立良好的人际关系。积极乐观的男孩，因为对未来有着美好的期待，即使他身处逆境，也会凭借着乐观的心态、坚定的信念和顽强的毅力来突围，冲破逆境，走向光明。

美国心理学家塞利格曼认为，乐观不但有迷人的性格特征，还有更神奇的功能，它能使人对生活中的许多困难产生心理免疫力。乐观的孩子不易患忧郁症，更容易取得成功，身体也比悲观的孩子更健康。乐观的情绪，能够提高人的大脑及整个神经系统的活力，使体内各器官的活动协调一致，从而有助于充分发挥人的潜能，有益于健康和工作效率的提高。相反，悲观的情绪有可能使人的整个心理活动失去平衡，对人的身心健康都可能造成严重的不良影响。

值得庆幸的是，男孩乐观的性格是可以培养的。早期诱发理论认为，人的性格是在后天的环境中逐步形成的，乐观的性格可以通过实践逐步培养，悲观的性格也可以在实践中逐步改造。

那么，父母应该怎样培养男孩积极乐观的心态呢？

**措施一：**

父母要乐观向上。

在家庭生活中，不管何时，父母都要保持自信、乐观。因为孩子的情绪最容易受到父母行为的直接影响，父母要是乐观了，孩子就会被父母感染，跟着快乐起来。在孩子面前，父母不管遇到什么事情都尽量保持愉悦的思想，微笑着面对生活，不抱怨，不斤斤计较，只有这样，孩子才会在耳濡目染中学会积极乐观地生活。

**措施二：**

物质生活不要过分奢华。

生活过于优裕，物质生活过分奢华，孩子就会变得贪婪起来。他因为要什么有什么，有时候面对很多事情都提不起兴趣，总是觉得怎样都不能满足自己的需要，会变得不快乐。只有过着普通生活的孩子，因为日常生活中看不到过分的奢华，即使一个小小的毛毛熊或者是电动火车也会让他觉得十分开心。

**措施三：**

要培养男孩广泛的兴趣。

一个拥有自己爱好的孩子，会长久地保持快乐。而那些没有自己爱好的男孩往往会沉迷于网吧、游戏机、电视节目，这样的孩子大多时候精神是空虚的，也是不快乐的。父母可以鼓励孩子在课余时间看书、打球、下棋、弹琴、练书法、游泳，这样孩子的生活就会变得丰富多彩，因为有广泛的兴趣爱好，他也会从中收获快乐和满足，心态自然也会变得乐观起来。

**措施四：**

引导男孩摆脱困境。

在生活和学习中，男孩难免会遇到挫折和失败，父母应该帮助男孩分析原因，找出解决问题的方法，并且要从中吸取经验教训，以免下次再犯同样的错误。当男孩面对困境的时候，父母应该引导他摆脱目前的困境。当所面对的困境一时无法解决时，就要引导男孩转移注意力，学会随遇而安，鼓励他去运动、旅游、游戏，等到能够解决的时候再去解决，这样才不会被问题所困扰。

**措施五：**

鼓励男孩广交朋友，教会他与人融洽相处。

父母应该鼓励男孩广交朋友，可以为孩子创造交往的机会，带他去一些游乐场所或者带他去参加一些集体活动，从而结识更多的朋友。有空的时候，也可以带着他探访亲友，带着他接触不同的人，扩大他的接触面，让他感受到与人交往的快乐。他会在这些交往中变得自信、乐观起来。

## 摆脱自卑阴影，做阳光男孩

东东是个生在农村的小男孩，小学的时候学习成绩一直不错，毕业的时候以全镇第一名的成绩考进了市重点初中。但是进入初中之后，东东才发现自己的普通话是那么不标准，并且同学们都是来自全市各个学校的尖子生，和他们一比，东东就觉得自己一无是处。家庭条件不及那些同学好、交际能力不及那些同学行、动手的能力也很差、文体方面没有什么特长。东东越想就越自卑。最重要的是在学习上，小学六年里东东每次考试都是第一名，深得老师的喜爱，而现在他没法保持他的第一名。就连他以前觉得还可以的英语，在班上和同学们一比，也黯然失色。因为东东的口语不行，而那些城里的同学很早就进了英语培训班，英语说得都很溜，让东东非常羡慕。越是羡慕同学，他就越是觉得自己不行，就像一只小蜗牛，自卑是他的壳，他一天到晚缩在自己的壳中，不再积极地举手回答老师的提问，对自己的能力也产生了怀疑。

每次班上举行文艺活动的时候，东东都很羡慕那些来自城里的同学，他们会跳舞、唱歌、弹钢琴、画画，而自己除了看书学习之外，就什么也不会了。一个人坐在角落里面，看着热闹的同学们，他心里的自卑感就更加强烈了。渐渐地，东东像是换了一个人一样，每天无精打采的，走路的时候总是佝偻着肩膀，步履沉重，一副萎靡不振的样子。

自卑是自我评价过低、自己看不起自己的一种不良情绪状态，是自我意识的一种消极表现。自卑的孩子，往往不切实际地低估自己，只看到自己的缺陷，而看不到自己的长处，老觉得自己不如别人。自卑的孩子经常背着沉重的思想包袱，从而丧失前进的动力，这样有可能影响他的一生。

是什么原因造成了男孩的自卑呢?

1．男孩还没有形成成熟的自我概念。

每个孩子自我意识的成熟都是一个漫长的过程，男孩因为自我意识的不成熟，有时候会过高或者过低地评价自己，因为对自己的要求过高，当他达不到标准和目标时，就会产生自卑。

2．消极的自我暗示。

当孩子遇到一些新的情况或者环境发生变化的时候，心理就会变得紧张起来，他就会产生一种“我不行”的消极的自我暗示。因为消极，他的自信心就会被抑制，能力得不到正常的发挥，导致失败，而失败会让他觉得自己无能，产生自卑。

3．遇到生活中的一些挫折。

孩子在学习、生活中难免会遇到各种各样的挫折，大多数孩子心理比较脆弱，面对挫折一时无法适应，就会变得消沉、自卑起来。

4．生理上的缺陷。

有些孩子在外貌、体型、体力等方面的缺陷，会让他觉得见不得人，从而陷入自卑。

自卑一旦产生就会阻碍男孩的进步，影响他对社会、对人生的看法，有些男孩甚至会因此走向生活的反面。

那么，父母应该怎样帮助男孩来克服自卑心理呢?

### 步骤一：

引导男孩正确地认识自己，接纳自己。

孩子的自我认识和自我评价是逐渐积累的过程，父母要引导男孩对自己的品质、性格、才智等各方面有一个全面的认识，要学会接纳自己的缺点，不要因为自己某一方面的缺点就讨厌自己。同时父母应教育男孩不要拿自己的缺点和别人的优点相比，这样越比就会让男孩越自卑。父母应该引导男孩要看到自己的长处，经常给他鼓励，这样才能激发他的信心。

### 步骤二：

帮助男孩制定短期目标。

有些男孩因为自己的目标过大过远而一时实现不了，就会变得焦虑起来，心理上就会变得悲观失望。父母可以帮助男孩制定一个能在短期内实现的小目标，让他在实现小目标的过程中得到鼓舞，增强自信。随着小目标一个个被攻克，男孩们就离实现的大目标不远了。这样也会不断地增强男孩的自信心，让他远离自卑的阴影。

### 步骤三：

鼓励男孩进行积极的自我暗示。

心理学家莫顿曾提出“预言自动实现”的原则，认为人们具有一种自动实现预言的倾向。父母应该鼓励男孩进行积极的自我暗示，要相信自己一定能行，能成功，这样他在前进的道路上不管遇到任何挫折都能激励自己勇往直前。

### 步骤四：

鼓励男孩去做，并且要适当地降低要求。

有些男孩之所以变得越来越自卑，就是因为父母对他的要求过高，使得他的压力太大，总是担心自己做不好或者达不到父母的要求就会受到批评或者指责，男孩会在心中自我否定，认为自己不行，做不好。对于这样的男孩，父母应该鼓励他去做一些事情，要让他从中体会成功。父母应该鼓励男孩去尝试，即使失败了也不要紧，要看到过程，要找出过程中值得肯定的地方来表扬他，这样才能增强他的自信心。父母对男孩的要求不要过于苛刻，要根据他的实力来提出要求，一步一步地，引导他向前进。

## 男孩也要有温和的一面

在家里，鑫鑫是一个小霸王，平时只要家里人有一点不满足他，他就发脾气，大哭。在外面也一样，上周末，鑫鑫和妈妈一起去超市购物，他看中一个多功能文具盒，妈妈没有给他买，他就在那里大哭大闹，不管怎么说，他就是不走，所有的人都看着他，弄得妈妈十分尴尬。这时候，超市的一名女服务员见他哭个不停，就说："小朋友，先不要哭了好不好，有什么事情好好说，好吗？"没想到鑫鑫大声嚷道："你滚开，和你没有关系！"弄得服务员阿姨十分尴尬。最后，妈妈见他实在是无可救药，就给他买了他想要的文具盒，他这才擦干眼泪，开开心心地回家了。但是，鑫鑫的妈妈心里真不是滋味，孩子现在成了这样，那以后怎么办啊？脾气暴躁，性格倔强，不讲道理，鑫鑫的妈妈真是拿他一点办法也没有。

从出生起，孩子就显示出了性格上的差异，有的孩子喜欢哭，哭声高亢；有的孩子哭几声就停止了；有的孩子哭起来就没完没了，需要大人们哄很久才能停止哭声……这些的确存在着先天的秉性，但是在孩子性格的形成中，后天的培养也起着重要的作用。

孩子一生下来，首先接触的就是自己的父母和家庭环境，从出生到学龄前的这段时间，是孩子个性最受影响的阶段，孩子和父母的接触比较多，他就会对父母的行为耳濡目染。前苏联教育学家马卡连柯曾告诫做父母的："你们怎样穿戴，怎样同别人谈话，怎样谈论别人，怎样欢乐或发愁，怎样对待朋友或敌人，怎样笑，怎样读报……这一切对孩子都有着重要的意义。"也就是说在日常生活中，父母的举止、谈吐、音容、笑貌都会给孩子的性格发展打下深深的烙印。

我们在生活中会看见有些男孩脾气比较暴躁，性格比较倔强，想要什么就得给什么，想干什么就干什么，不达目的决不罢休，让爸爸妈妈也无计可施。这些孩子脾气性格不好的原因到底有哪些呢？

1．父母对男孩的过度溺爱。

如果父母过分地溺爱男孩，总是满足他的一切要求，他就会觉得我想要什么、想做什么都可以，谁也管不了我。这样他就会目中无人，凡事由着自己的性子干。

2．父母的攀比心。

不少父母都有这样的心理：别的孩子有的，我的孩子一定也要有。于是，不管孩子喜欢不喜欢，有没有兴趣的东西都一并买来。这样虽然满足了父母的虚荣心，但让孩子变得高傲自大起来，他会觉得自己高人一等，不听父母和老师的教导，一切以自我为中心。

3．父母的过度骄傲。

有些家庭比较富有，或者父母天性比较骄傲自大，就常常表现出对别人不屑一顾或讥讽的行为，这种不好的行为也感染了孩子，让孩子很难明辨是非，不懂得考虑其他人的感受，以至于偏激、暴躁。

如果你的孩子性格暴躁，就要先看看自己的教育方式有没有以上不当之处了。

爱因斯坦说："优秀的性格和钢铁的意志，比智慧和博学更重要，智力的成熟很大程度上是依靠性格的，这点往往超出人们通常的认识。"因为性格影响渗透个性的其他部分，改变气质的消极部分，巩固发展积极成分。这些都需要父母在后天的环境中来培养男孩的好性格。良好的性格、温和的脾气会对孩子的成长产生积极的意义，有利于孩子建立良好的人际关系，充分发挥自己的潜力，从而取得更大的成功。

那么，父母应该怎么做才能培养男孩温和的性格呢？

### 步骤一：

在日常生活中训练男孩的自控能力。

父母可以让男孩通过练习书法、学习画画来陶冶他的性情；也可以让他帮助父母做一些比较烦琐的家务活，比如帮助妈妈剥毛豆、剥花生、择韭菜来训练他的耐心；还可以在周末或者节假日的时候带着孩子去爬山、远足来磨炼他的意志，增强他的毅力。通过这些训练来逐渐增强孩子的自控能力，这样有助于改善他的脾气性格，只要坚持一年就会有成效的。

### 步骤二：

父母的教育目标要一致，步调要一致。

父母在教育男孩的问题上要做到步调一致，思想统一，否则孩子会无所适从，无法形成健全的性格。比如当孩子发脾气的时候，千万不要在家人中间形成几派，爸爸不理睬，妈妈打骂，爷爷奶奶哄劝讨好孩子，这样对孩子形成良好性格无益。孩子温和、宽容的好性格的形成是建立在完整、友好的家庭教育基础上的。

### 步骤三：

父母不要经常发脾气。

父母的一言一行，对孩子都起着熏陶作用。有些父母自己的脾气就比较暴躁，性子比较倔，还希望孩子有个温和的性格那是不可能的。因此，父母在孩子的面前要注意自己的言行，性格要温和，这样才能给男孩起到良好的榜样作用。

### 步骤四：

严格，并不乏爱。

父母都是爱孩子的，但是这种爱不是溺爱，而应该是一种合理的爱，是一种严格的爱。比如要鼓励男孩做他力所能及的事，培养他的自控能力和社会责任感，要让男孩学会明辨是非，多做善事。父母要树立让男孩全面发展的意识，身体、品质、性格、情感、道德这些都要同样重视，要对孩子严格要求。这种严格，是一种爱的明智表达，父母要有原则性。这样才能培养男孩的忍耐力、坚毅、果断、温和的好性格。

## 尊重他人就是尊重自己

小勇可以说是家里的“小皇帝”，不管爸爸妈妈和自己说什么，他总是根据自己的心情回应，心情好的时候，就耐心地听，心情差的时候不仅不听，还大喊大叫。对周围的邻居也是这样，和他们见面的时候从来不会打招呼，就像没看见一样，因此邻居们觉得这个孩子没有礼貌。家里来了客人，小勇也不去主动打招呼，该干什么还是干什么，有时候在父母的强烈要求下，和客人打招呼的时候语气也是冰冷的。

在学校的时候，小勇看见同学们放在课桌上的好吃的好玩的，总是不经过别人的允许就去擅自拿着吃，拿着玩，尽管老师和同学批评过他多次，但是他还是我行我素。在他看来，这些都没有什么。他还爱捉弄人，喜欢给班上的同学、老师起绰号，弄得同学们对他十分反感，老师也对他印象不好。

去别人家做客的时候，小勇总是喜欢在饭桌上挑挑拣拣，看见自己喜欢的菜就大吃，对自己不喜欢的菜尝也不尝一口。每次吃到最后，饭碗里面总是会剩下很多饭菜。看见别人家有什么好玩的，小勇手里就特别痒痒，一定要去摸一下；有些时候，对一些自己爱不释手的东西，不经过主人允许，他会偷偷地带回家。面对这样一个孩子，亲友们都很担忧，但是十分无奈。

不少家庭都有这么一个“小皇帝”，父母溺爱，什么都是自己说了算，要什么给什么。他觉得别人对他的付出都是应该的，十分霸道，连最起码的尊重父母都做不到，更何谈尊重他人。他经常会作出一些不尊重他人的行为。比如，见到别人倒霉的时候会幸灾乐祸；见到别人陷入困境，他会觉得十分开心；见到残疾人他会嘲笑他们……

尊重别人是进行正常社交的根本条件，也是礼貌待人的重要标志。在人际交往中，只有尊重别人，才能受到别人的尊重。尊重他人也是一种美德，是一种高尚的情操。

两千多年前，亚里士多德就曾教导他的门徒：你要别人怎样待你，就得先怎样待别人。中国的孔夫子也曾这样教育弟子：己欲达而达人，己欲立而立人。尊重别人和获得尊重是一个问题的两个方面，最根本的方面是主动地奉献，主动地付出。这样自己才会得到别人的尊重。一个人不尊重他人，实际上就是不尊重自己，也得不到他人的尊重，甚至失去信任，这样就会失去许多朋友的支持，容易引发人际关系紧张。

只有懂得尊重他人的孩子，才可能正视他人的意见。不尊重他人，就会漠视别人的忠告，不去接受，这样自己是不会得到改进的，长大后很可能与社会处于一种隔离状态。

那么，父母应如何培养男孩的好习惯呢？

### 步骤一：

父母要学会正确地尊重男孩。

要让男孩学会尊重他人，父母首先要尊重男孩。例如，男孩做完了某件事，要对他说“谢谢”，让男孩帮助自己做事的时候要说“请你……”，而不要强硬地命令。有事情要和男孩商量着办，可以多听听男孩的意见和想法，全身心地对他传递尊重。父母还要尊重男孩的权利，孩子的课余时间怎么安排，他想学习什么东西，想和谁交朋友，要尊重他的选择。

### 步骤二：

引导男孩树立正确的自我概念。



父母不要经常对男孩说“胆小鬼、犟驴、笨蛋”这样的字眼，这样就好比给男孩贴上了标签。不管这些标签是真是假，男孩都会信以为真，会降低他的自尊心和自信心，让他觉得自己很没有用。父母要引导男孩树立正确的自我概念，要多肯定和鼓励他。这样他才会尊重他人，尊重自己。

### 步骤三：

保护男孩的自尊心。

很多时候，男孩一旦犯了错误，父母在对他进行教育的时候，总是喜欢采取批评的方式，挑出他的一大堆错误来，这样就会给男孩造成一种压力，让他觉得自己不管怎样做都是做不好的，他就会怀疑自己的能力。正确的做法是，父母应该先肯定男孩的做法，然后再建议他要怎样做才会更好，这种先扬后抑的教育方式收到的效果会更好。不管何时父母都要保护男孩的自尊心，不要打击他的自尊心，让他丧失自信心。

### 步骤四：

在日常生活中要培养男孩尊重他人的好习惯。

勤洗澡、洗衣服，穿戴整齐，见了师长主动问好，不要打断别人的讲话，看见别人痛苦的时候不要兴高采烈，见了邻居主动打招呼，尊重和孝敬自己的父母和长辈等，这些都是日常生活中的小事情、小细节，难的就是能否坚持下去。父母要鼓励男孩坚持下去，逐渐地养成一种好习惯。

### 步骤五：

让男孩学会尊重别人的所有权。

要让男孩明白哪些东西是别人的，未经允许不能动别人的东西，要尊重别人的所有权。不要去偷去抢别人的东西，也不要损坏别人的东西，借用了要及时归还给别人。对于自己的东西，可以邀请别人来和自己一起玩，一起分享。要学会控制自己的一些不良行为。

### 步骤六：

让男孩学会设身处地地看问题。

有时候男孩会出现一些不尊重别人的行为，父母要引导男孩设身处地地思考一下，要是这样的情况发生在自己身上，自己会有怎样的感受。如果别人嘲笑和挖苦自己，自己是否会很伤心。因为感同身受，男孩就会自觉地尊重他人。

### 步骤七：

让男孩学会尊重他人的劳动成果，尊重他人的意愿。

有些孩子喜欢乱扔果皮纸屑，喜欢把父母收拾得整整齐齐的房间弄得一团糟，这些都是不尊重他人劳动成果的表现。父母应该鼓励男孩参与劳动，做些自己力所能及的事情，这样他才会体会到父母和他人的辛苦，进而尊重他人的劳动成果。

要教育男孩尊重他人的想法，不要强迫他人。尤其是当自己的想法和他人的想法发生冲突的时候，更要学会尊重他人的意愿，多听听他人的想法。

## 感恩之心让男孩更幸福

俊驰是独生子，爷爷奶奶、爸爸妈妈没有一个人不宠他。

妈妈忙碌一天后，很疲惫地在厨房里做饭，而俊驰坐在沙发上看电视，嘴里还叫着：“妈妈给我倒杯水”，“妈妈给我拿瓶酸奶过来”。有时候妈妈忙着炒菜还要赶出来给他拿这个拿那个的。每天早晨妈妈都会帮俊驰把水壶装满水，把书包收拾好，然后送他去上学。一天，妈妈生病了，没有给他收拾好书包，也忘记给他装水了，结果俊驰对妈妈说：

“都怪你，到现在还没有给我弄好，我要是迟到了，都是你害的！”

俊驰过生日的时候，爷爷为了买到他喜欢吃的蛋糕，跑了很远的路。结果吃蛋糕的时候，俊驰一个人独享。妈妈让他分点给爷爷奶奶，他却让妈妈动手去分给他们。平时家里有什么好吃的，都是俊驰一个人吃，他吃东西的时候从来不会想到家人。有时候冰箱里面就剩下一半西瓜了，俊驰会独自抱着西瓜，拿着小勺，一勺一勺地吃，根本不会想到给年迈的爷爷奶奶和工作了一天的爸爸妈妈每个人分点。

在俊驰看来，他从小长这么大一直是这样的，家人为他做什么都是理所当然的。

的确，现在很多孩子都像俊驰这样，从小受父母亲人的关爱，却从来不懂得感恩，他心里只有自己，不知道要爱家人、爱他人。

这是一个值得我们关注的问题。感恩是一种处世哲学，更是一种生活的大智慧。我们从小就受到父母的养育之恩，上学的时候又受到了老师的教诲之恩，工作之后还受到了领导、同事的帮助、关怀之恩，到老年的时候，又受到了晚辈的赡养、照顾之恩。这就是说，我们每个人从生到死，都在接受着这个社会大环境的恩惠，我们应该学会知恩图报。感恩是一种文明、一种品德，更是一种责任。

现在的孩子为什么会缺乏爱心和感恩之心呢?

教育专家们经过研究，得出以下的结论：主要是因为父母给予孩子爱的方式不恰当。一种情况是，父母过于溺爱孩子。现在大多数的家庭都是一个孩子，在他的成长过程中，父母和家人总是给予他无条件、无止境的满足，让孩子觉得这一切都是应该的。这样久而久之，孩子就会变得自私、缺乏爱心、不懂得感恩、不懂得尊重别人。还有一种情况是孩子在他的成长过程中缺乏必要的关爱、理解和尊重。他感受不到父母

对他的关爱，容易变得自卑、缺乏自信、缺乏安全感，对周围的一切事物都容易充满敌意。

教育专家郭建国教授曾经说过：“感恩之心是一种美好的感情，没有一颗感恩的心，孩子永远不能真正懂得孝敬父母、理解帮助他人，更不会主动地帮助别人。”只有孩子懂得感恩，学会了感恩，他才会有无边的快乐和幸福。中国自古以来就有“知恩不报非君子”“滴水之恩当涌泉相报”的古训。一个懂得感恩的孩子，必将会热爱生活，会珍惜一切美好的事物，他不管走到哪里都将会成为一个人人都喜爱，人人都欢迎的孩子。所以父母从小就要注意培养男孩的感恩之心。

那么，父母应如何从小培养男孩的感恩之心呢？

### 步骤一：

让男孩理解并感谢自己的父母。

做父母的总是喜欢把自己的辛苦隐藏起来，在男孩面前展现出快乐、轻松的一面。在他们看来，这样才是爱孩子。其实，这样做只能使孩子更加不理解父母的辛苦，不懂得生活的艰辛，就会让他对父母、对自己的付出缺少了理解和感激。父母应该从小就培养孩子理解自己，体会自己的辛苦，并且让他心存感激。这样男孩才会珍惜自己拥有的一切，会更加热爱自己的父母。

### 步骤二：

父母要给男孩树立榜样。

父母的一言一行都会影响着自己的孩子，做父母的首先要孝敬自己的父母和长辈，关爱家人。在生活中要经常说“谢谢”“对不起”，要教育男孩要做到心中有他人，关心每个人的需求，感谢每个人对自己的付出。

### 步骤三：

让男孩体会生活的艰辛。

父母应该根据孩子的年龄特点，让他适当地承担一些力所能及的家务劳动，让他多吃些苦，多一些亲身体验，这样他才能知道父母的辛苦。如果一个孩子没有亲身的体验，他就会觉得父母给我的一切都是应该的，我的享受也是理所当然的，这样他就不会产生感恩、感激的心。只有吃过苦的孩子，才能懂得生活的艰辛和不容易。父母要让孩子经历一些磨难，让他为自己的错误负责，让孩子学会承受错误和挫折，这样他才能更坚强，更懂得感恩。

### 步骤四：

让男孩在感恩中体验到快乐。

很多父母都喜欢为孩子付出爱，却不让孩子为自己做一点事情，在他看来，孩子只需要好好学习就可以了。其实，父母应该给孩子干家务活的机会，让他也学着付出自己的爱。比如，爸爸下班回家，让孩子给他倒杯茶；妈妈下班回家，让孩子帮助她拿拖鞋。不要觉得这是一种耽误学习时间的做法，要给孩子一个爱自己的机会。当孩子学着为父母做一些事情的时候，不管事情再怎么小，父母也要珍惜，不要责怪孩子，要给他一个灿烂的微笑，还有一句真诚的“谢谢”，适当的时候可以提出表扬，这样才能让男孩收获感恩的喜悦。

### 步骤五：

让男孩学会感谢生活。

生活中我们难免会经历各种困苦，当然也有很多美好的事情。我们只有怀着感恩的心去生活，才能时刻感受到生活的美好，才能鼓起勇气战胜生活中的各种困难和挫折。要让孩子学会感谢生活，感谢自己所拥有的一切，要拥有一颗平常心，只有这样才能不以物喜，不以己悲，才能做生活的强者。

# 穷养财商

## ——给男孩一笔用不完的财富

### 让男孩知道钱是怎么来的

陈浩远放学回家，刚一放下书包就对妈妈说：“妈妈，给我买一辆山地车吧，我今天已经看好价钱了，不贵，还不到1000元，我很喜欢。我的好朋友刘明的爸爸上周已经给他买了，骑着真爽啊！”听完陈浩远的话，妈妈半天没有作声，过了一会儿才说：“浩远，家里的情况你又不是不知道，你爷爷已经生病住院半个月了还是不见好，已经花了不少钱，家里没有多余的钱来给你买山地车了。”一听妈妈的话，陈浩远就不乐意了：“不就是几百块钱吗，妈妈，你就算再没有钱，这点钱还是能拿出来的吧。你要是没有足够的现金的话，直接把你的信用卡给我就可以了，我可以刷卡。”听完陈浩远的话，妈妈愣住了，这孩子根本不知道钱是怎么来的，一点也不体谅家人的辛苦，还要超前消费，妈妈暗暗叫苦，都怪自己平时生怕苦着孩子，所以到现在孩子压根不知道钱是怎么来的，看来不能再这样下去了。

生活中像陈浩远这样的孩子并不少见，他根本不知道钱是怎么来的，只是知道自己缺少什么了，直接问父母要，所以会经常听见他说："妈妈，明天给我买一双耐克运动鞋吧，我们班上很多同学都是穿的这个牌子的鞋"，"爸爸，这个周末过生日，我想去吃肯德基的全家桶，你和妈妈陪我去吧"，"爸爸，我的手机已经落伍了，给我买一款新的吧，可以拍照的那种"。这些孩子只会对父母提出自己的各种各样的要求，却根本不去关心背后父母挣钱的艰辛，或者说他们根本就不知道父母的钱是怎么来的。有不少孩子甚至认为钱就是从父母的口袋里面冒出来的，只要我需要，父母就会从口袋里面源源不断地给我掏出来；还有不少孩子认为钱就是父母直接从银行取出来的，没钱了直接去银行取不就是了。

仔细一看我们就会发现，当今的父母掏钱让孩子学习各种本领或者买各种好吃好玩的东西的时候，往往都忽略了一个很严重的问题：从来没有告诉过孩子，自己口袋或者钱包里面的钱是从哪里来的。

而孩子因为不知道金钱是父母通过辛勤的劳动挣来的，他往往会不珍惜，花钱很浪费，学会了挥霍，有时候甚至会抱怨父母小气，对父母缺乏感恩之情。因为他不能了解生活的残酷和现实，所以他也感受不到生活的幸福，这样还会影响他的前途。

所以说，父母要运用自己的智慧，让孩子正确认识金钱，让他明白生活的艰辛和金钱的来之不易。

那么，父母应如何让孩子知道金钱的来之不易呢？

### 步骤一：

带男孩到自己工作的地方看看。

金钱来之不易，是爸爸妈妈付出了很多汗水和心血才挣来的，这对孩子来说，只是一种认识，他不会感同身受。他最直接的感觉还是，爸爸妈妈每个月都会发工资的，他们发了工资，家里就有钱了，他们可以用这些钱来给我买好吃好玩的，孩子对钱的认识还是仅仅停留在表面上。其实，如果条件允许的话，父母可以带男孩到自己工作的场合参观一下，让他看看父母的工作环境，让他看看父母在工作中操劳的身影，这样才会加深男孩的认识，让他真正地体会到，爸爸妈妈挣钱真的很不容易，所以我要节约着花。

### 步骤二：

让男孩能够真切地体会到父母的辛苦。

在父母忙了一天回到家之后，不少男孩连杯水都不给父母倒，还让妈妈赶紧给自己做饭，因为自己饿了；让爸爸赶紧辅导自己的功课，因为自己的习题不会做。父母也可以让孩子换位思考，如果在他辛苦学习了一天之后，回家还要帮着父母做家务，体验家庭生活的烦琐和辛苦，可能就会好很多。这样孩子也能明白父母工作挣钱的辛苦，懂得爸爸妈妈回到家里自己要体谅他们，比如给爸爸倒杯茶，给妈妈拿拖鞋，或者帮助妈妈一起做饭。这样不仅会让男孩体会父母的辛苦，还能增进孩子和父母之间的感情。

### 步骤三：

让男孩体验在外面赚钱的艰辛。

父母不要娇惯男孩，可以利用节假日让男孩去赚钱，体验一下生活的辛苦。父母可以根据男孩的年龄来引导他，比如年龄小一点的孩子可以去大街上卖报纸，年龄大一点的孩子可以自己去批发一些小商品在路边或者夜市卖，孩子通过自己的劳动赚钱，他才会深切地体会到挣钱是怎么一回事，花钱的时候他也就会知道要节省了。

## 要花钱，自己挣

一位妈妈在自己的育儿博客中写道：

我的儿子昊昊6岁的时候，还不知道钱是怎么来的，他认为钱就是从我和他爸爸的口袋里面变出来的，要多少有多少。我发现我的教育方式出了问题，便开始鼓励孩子要花钱自己挣。那时候，儿子刚上小学一年级，我每周给他的零花钱只有2元钱，一次，儿子向我抱怨钱不够花。我说："你可以想办法自己挣钱啊。""啊？怎么挣？"儿子显得很惊讶。于是我告诉他："这样吧，你可以帮助爸爸妈妈承担你力所能及的家务活，我付给你报酬。比如你洗一次碗，妈妈给你2角钱；拖一次地，妈妈给你5角钱，怎么样？"听我这样说，儿子很高兴，于是，我们就按照这个标准执行，一直到小学毕业。上了初中之后，儿子每个星期的零花钱尽管涨到了10元，但有时还是不够他花。这时候，我又开始引导他，可以收集学校里面同学们丢弃的矿泉水瓶子来换钱，尽管刚开始儿子觉得有点丢人，不太愿意。好在后来他想通了，觉得靠自己的劳动挣钱没有什么丢人的，是一件很光荣的事情。在家里，他也很注意可回收废品的积攒。儿子还给我提议，暑假的时候，他想自己批发一些小东西，晚上去夜市上卖。通过劳动自己挣钱，现在我的儿子已经知道每一分钱来之不易，他从来不乱花钱，不乱买东西。生活上也很节俭，能不买的东西就尽量不买。

尽管这位妈妈的做法在我国的家庭教育中并不多见，但无疑是成功的。

我们很多父母也都想着要让自己的孩子知道金钱的来之不易，让他锻炼锻炼，学着自己挣钱，但是关键的时候，他们却狠不下心来，一是现在就一个孩子，又不缺吃穿，自己也还负担得起；二是让自己的孩子通过劳动挣钱，尤其是到大街上捡垃圾，自己拉不下面子。这也就不难理解为什么在社会竞争的高压力下，会出现那么多的“啃老族”了。

我们不妨来看看国外父母是怎么教育孩子的：

美国

在美国，家庭教育是以培养孩子富有开拓精神，能够成为自食其力的人为出发点的。父母从孩子小时候就让他认识劳动的价值。让孩子自己修理摩托车，到外面参加劳动。即使是富家子弟，也要出外谋生。美国的中学生有句口号：要花钱自己挣。美国青少年从小的时候开始，不管其家里多么富有，男孩子12岁以后就会给邻居或自己的父母在家里修剪草坪、送报赚些零用钱，女孩子则做小保姆去赚钱。

瑞士

父母为了不让孩子成为无能之辈，从小就培养孩子自食其力的精神。譬如，对十六七岁的女孩，从初中一毕业就送到一家有教养的人家去当一年女佣人，上午劳动，下午上学。这样做，一方面锻炼了劳动能力，另一方面还有利于学习语言。因为瑞士有讲德语的地区，也有讲法语的地区，所以一个语言地区的女孩通常到另外一个语言地区去当佣人。

德国

父母从不包办代替孩子的事情。法律还规定，孩子到14岁就要在家里承担一些义务，比如要替全家人擦皮鞋等。这样做，不仅是为了培养孩子的劳动能力，也有利于培养孩子的社会责任感。

日本

在日本教育孩子有句名言：除了阳光和空气是大自然的赐予，其他一切都要通过劳动获得。许多日本学生在课余时间，都要去外面参加劳动挣钱，大学生中勤工俭学的非常普遍，就连有钱人家的子弟也不例外。他们靠在饭店端盘子、洗碗，在商店售货，在养老院照顾老人，做家庭教师等来挣自己的学费。

看完上面这些国外父母的做法，我们的父母在教育孩子上是不是如醍醐灌顶呢？光有感慨是不行的，还要体现在教育孩子的行动中，那么我们的父母应该怎么做呢？

### 步骤一：

父母要摆正心态，树立正确的认识。

有些父母认为自己的孩子还小，他的主要任务就是搞好学习，没有必要过早地接触金钱，染上铜臭气，他们在孩子面前从来不提“钱”字。而孩子难免会接触到钱，随着年龄的增长他会觉得父母对自己不信任，对钱更加好奇。如果孩子在童年时对金钱的认知产生了歧义，缺乏掌控能力，对其今后的成长和发展会很不利。还有些父母对孩子比较溺爱，他对孩子的各种要求有求必应，这样给孩子的感觉就是，钱好像是从天上掉下来的，是取之不完、用之不竭的，于是他便挥霍无度、自私自利、喜欢攀比。持这两种心态的父母都是教育不好孩子的，所以父母为了孩子能够健康地成长，首先要自己摆正心态，树立正确的认识。

### 步骤二：

引导孩子树立“要花钱，自己挣”的思想意识。



“石油大王”约翰·戴维森·洛克菲勒，从小家教很严，靠给父亲做“雇工”挣零花钱。他清晨便到田里干农活，有时帮母亲挤牛奶。他有一个专用于记账的小本子，把自己的工作量化后，按每小时 0.37 美元记入账本，尔后与父亲结算。这事他做得很认真，感到既神圣又趣味无穷。更有意思的是，洛克菲勒的第二代、第三代乃至第四代，都严格照此办理，并定期接受检查，否则，谁也别想得到一分钱的费用。

中国的父母也要学学洛克菲勒家族的做法，从小就对自己的孩子灌输“要花钱，自己挣”的思想意识。这样不仅能使男孩能够尽早地在经济上独立起来，还能让他认识到金钱的来之不易，也有助于他尽早地成熟起来。

### 步骤三：

让男孩通过劳动挣钱。

在男孩还小的时候，父母可以让他通过做家务来赚取自己的零花钱。比如开头提到的昊昊妈妈的做法，洗一次碗 2 角钱，拖一次地 5 角钱，洗一次衣服 5 角钱等等。生活中，男孩有许多挣零花钱的机会，比如搜集家中废品，给亲朋好友打小工等等，这些只是需要父母花一些心思去发现，给男孩一点点指导和点拨。孩子自己挣零花钱的时候，还能锻炼他的劳动能力和生存能力，将来长大才能更好地适应社会激烈的竞争。

## 为男孩订立“零花钱规则”

方伟学习成绩不错，人缘也颇好，但是在同学们的眼里，他却是一个十分抠门的人。比如每次打篮球口渴了，同学们都会从商店里买来五花八门的饮料解渴，唯独方伟喝的是自己带的白开水；好友过生日的时候都会拿着父母给的钱去餐馆大吃一顿，但是方伟过生日的时候从来不请大家吃饭。出外游玩的时候，朋友们都带着五花八门的零食，方伟总是带着两个苹果和几块蛋糕……

但是方伟却有自己的心得：我的爸爸和妈妈都在银行工作，从6岁开始他们就和我一起商量着制订零花钱的规则。刚开始的时候，妈妈每周给我2元钱，我总是还没有到周末的时候就花光了，后来爸爸妈妈发现这样不行，帮我制订了一个规范合理的零花钱规则，明确区分了家庭公共开支和我自己的零花钱界限。这个零花钱规则到现在仍然在执行，只是随着我年龄的增长，开销的增大，爸爸妈妈给我调整了基本开支的费用而已。

我可以给大家看一下经过我跟爸爸妈妈协商后制订的零花钱规则：

1. 由家庭公共财政承担的费用：

(1) 生活费、服装费和学习费用，这些消费全部属于家庭公共开支的范围。

(2) 交通费用，每个月全额包干，如果出去玩或者需要其他的乘车费用，则另外补贴。

(3) 早餐费用，按月发放，一次性发给，超额的自己想办法解决，结余的归自己。

(4) 其他费用，如旅游、娱乐等等，这些合理的开支由家里报销。

2. 自由支配的零花钱部分：

(1) 现阶段每月零花钱30元（初中时），每个月一次发放，自由支配，超额不补，结余归己。

(2) 逢年过节还有生日等，每次发放节日费用10元，其他人给的零花钱和压岁钱不计入其中，可以自己存入银行或者买文具等等。

(3) 夏天上学，按照在校的天数，每天补助降温费3元，可以自行支配。

(4) 孩子通过打工或者其他途径挣来的正当的钱，由孩子自己支配，父母不干预。

正是在这个合理的零花钱规则的指导下，我变得不再大手大脚了，买东西的时候也知道要货比三家了。去年我和爸爸妈妈商量，还用自己这几年积攒的零花钱买了一台笔记本电脑，尽管我的同学说我很小气，但是他们压根不知道，我现在银行里面可是存了一大笔钱呢。

看完方伟的父母协助他一起制订的“零花钱规则”，我想不少父母一定会感到很震惊，但是震惊之余是不是要好好地反思一下自己平时是怎么做的。尽管像方伟父母这样做的父母并不多，但是他的“零花钱规则”却是我们应该提倡的。

不少父母都知道美国的洛克菲勒家族，该家族是美国知名度最高的家族之一，也是美国十大超级富豪之一。对不少中国人来说，“富不过三代”似乎是铁一样的定律，然而洛克菲勒家族从发迹至今已经绵延六代，仍未出现颓废和没落的迹象。这与家族的财富观念和从小对子女的教育息息相关。尤其是该家族在零花钱方面的规则，值得中国的父母借鉴。

老洛克菲勒在世的时候，尽管他那时候是美国的首富，是世界上第一个拥有10亿美元财产的大富翁，但其子女的零用钱却少得可怜。他家账本扉页上印着孩子零用钱的规定：7~8岁每周30美分；11~12岁每周1美元；12岁以上每周3美元。零用钱每周发放一次，要求孩子们记清每一笔支出的用途，待下次领钱时交父亲检查。账目清楚，用途正当者，下周增发5美分，反之则减少。洛克菲勒认为，“过多的财富会给自己的子孙带来灾难”。

洛克菲勒富甲天下，却舍不得给孩子们太多的零花钱，还根据孩子们的年龄制定了不同的标准，鼓励孩子们依靠工作赚钱。这在中国的父母看来是十分苛刻的，但是事实是这样吗？当然不是的，洛克菲勒正是通过这一苛刻的零花钱规则，来鼓励子女们通过自己的劳动挣钱，这样既锻炼了孩子们，也使他们积累了人生的宝贵经验，为他们将来独立开创事业积蓄了知识和力量。这也就是为什么到现在洛克菲勒家族的子孙们仍在续写着辉煌的财富历史的缘故。

给孩子一些零花钱是应该的，因为这样能让他尽早地认识钱和学会正确使用钱，只是要有计划和有规则。一般来说，孩子 10 岁左右就产生了独立打理私人财务的意识，虽然这时他还缺乏自理能力，但是他理财意识已经开始萌生，这时候父母就可以给孩子自由享受零花钱的权利了。正确运用零花钱也是孩子理财的第一步。哲学家培根说过：“如果孩子小的时候，在金钱上过分吝啬于他，孩子在性格上将会变得猥琐。”的确，在男孩小的时候不学会怎样使用钱，成年后其财商就会非常低下，难以适应经济社会的发展。

那么，父母应该怎样引导男孩来合理使用自己的零花钱呢？

### 步骤一：

给男孩的零花钱要合理，对他们的无限索取要说“不”。

父母给男孩零花钱的数额要基于家庭收入状况、孩子的年龄和学习、生活必需。不能孩子一张口就给钱，尤其是在制订零花钱规则之后，要按照规则来办。对孩子提出的要求，要量力而行，合理的要尽可能地给予满足；不合理的，一定不要迁就，要给孩子讲清道理，要明确地对他说“不”。

### 步骤二：

引导男孩制订消费计划。

在执行零花钱规则之后，父母要引导男孩在消费的时候制订计划，比如哪些东西是必须要买的，哪些东西可以不买，能不买的就不买；在买东西的时候要货比三家，同样的一件必需品，还可以节约不少钱。只有这样慢慢地引导，男孩才会按照零花钱规则，来规划好自己的零花钱该怎么花，最主要的是这样可以有结余，便于存钱。

### 步骤三：

零花钱规则一旦启动，父母与男孩都必须严格执行。

对父母来说，一旦零花钱规则启动，就要按月或者按星期给孩子足够的零花钱；而孩子就要严格地按照规则来执行，如果孩子的零花钱自己没有计划好，出现已花完的现象，父母有权不再追加。此外，父母还要和其他的亲人打招呼，让他们不要给孩子零花钱，这样才能保证大家齐心协力地来遵守规则，也有利于严格地培养男孩的理财意识。

## 树立男孩正确的消费观

李波是一名14岁的初中生，在学校各方面的表现都不错，家庭条件也十分优越。每次李波向父母要钱，父母总会毫不犹豫地给他，所以他从来不会有金钱上的烦恼，但是这也使他养成了坏习惯，每次只要是看上的东西，他就会不假思索地全部买下，结果买回来又后悔，觉得用处不大。每个月李波都要向父母要好几次零花钱，但是究竟都用在了什么地方，他自己也说不清楚。

刘涛是一名小学六年级的学生，家里父母都是普通工人，收入并不高，但是只要孩子有要求，父母一定会尽量给予满足。这不，才开学几天，刘涛就让妈妈帮他买一双阿迪达斯鞋子。妈妈说："前几天不是刚给你买了一双运动鞋吗，怎么还要买鞋子？""我们班上的很多同学都是穿着耐克运动鞋去上体育课，我的那双鞋子是你在路边的一个小店买的，穿上别人会笑话的。"妈妈听了刘涛的话，心里很不是滋味。这孩子现在怎么一点都不知道体谅父母的辛苦，只顾着自己的需求，以后可咋办啊！

我们的生活中不乏李波和刘涛这样的男孩，他们最突出的一个特点就是：没有树立正确的消费观念，花钱和购物都比较随意。

为了孩子而舍得花钱，是现代年轻父母的爱心，而这种爱心随着商品经济的高速发展，过早地将孩子们推到了金钱面前。当前，父母在对待孩子的消费观念上存在两大误区：一种是倡导"再穷也不能穷孩子"的口号，一味地不加考虑地满足孩子们的各种物质需求。这样就会让孩子们过度地重视物质享受，贪图虚荣；还有一种观点是害怕孩子们受到金钱的腐蚀，让他们从小就害怕金钱，远离消费。这两种观念都不利于帮助孩子树立正确的消费观念，也就造成了孩子们的消费问题越来越突出。据有关调查显示：我国当今的孩子普遍缺乏合理而适度的消费观念。

一般来说，现今孩子们不正确的消费观念有如下表现：

1. 唯"我"消费：有些孩子一味地满足自己的物质需求，而不考虑家里的经济情况，乱花钱，买东西的时候不加考虑。

2. 盲目消费：看上的东西不问价格，不管适用与否，就掏钱买下来，事后才发现自己所买的东西根本没有什么用。

3．颠倒消费：有些孩子仅仅是为了获得某件商品附送的小礼品，就买下那件根本没有用的物品或者是自己不喜欢吃的食品。

4．重复消费：衣服、文具、鞋子刚买没有多久，就觉得跟不上潮流了，就要求买新的，不然怕被同学们嘲笑。

这些不正确的消费观念，使得不少孩子非品牌不穿，非品牌不用，不是高档的餐厅就不愿意进去吃饭。不少孩子中间还形成了互相攀比的不良风气，而经济困难的孩子往往也不甘示弱，盲目“竞争”，与之攀比，以免失了面子，被人瞧不起。甚至出现了有些孩子的月消费额比一个普通工人的工资还高的情况，这些都是我们应该警醒的。

对于男孩来说，学会合理地消费，其意义不仅在于如何花钱本身，其中蕴含了多方面教育的内容和能力的培养。随着男孩的逐渐成长，会不会合理地使用金钱，是否合理地消费是他走向成熟、挑战竞争、学会生存的重要标志。所以根据男孩目前的消费状况，加强正确的消费观的引导是非常必要的。

那么，父母应该怎样引导孩子树立正确的消费观呢？

### 步骤一：

引导男孩树立节俭意识，正确消费。

不少父母不管家庭条件如何，宁愿自己受苦受累，也要满足孩子的物质需求，这样就让孩子渐渐地养成了花钱大手大脚、好吃懒做、浪费的坏习惯。所以父母应该从小事做起，从细节做起，来培养孩子的节俭意识。父母应该满足孩子合理的消费需求，而不合理的需要，父母应该把握好孩子的消费尺度，不要轻易地满足他。只有这样才能使孩子形成正确的价值观，同时也能使勤俭节约的观念深入他的内心，有助于他形成正确的消费观。

### 步骤二：

教男孩学会记账。

不少孩子花钱都比较随意，有时候钱花完了，却不知道自己是怎么花掉的。父母可以帮助孩子建立一个消费小账本，教他学会记账。每次的支出和结余都要一笔不漏地记在小本子里面。父母也可以每周或者每个月抽点固定的时间来帮助孩子分析他的消费情况，看看哪些消费是必须的，哪些是浪费的。这样才能逐渐帮助男孩养成合理花钱的好习惯。

### 步骤三：

引导男孩有计划、理性地消费。

当今各种广告满天飞，孩子们因为年龄小、辨别能力差，因此会受到广告的诱惑，不理智地购物。这时父母就要引导他正确地区分各类广告信息。此外，父母还可以在日常的购物中教导男孩学会理性地消费。比如，在买东西的时候要货比三家，这样才能买到物美价廉的商品。只有这样，才能引导男孩学会正确消费，控制自己的购物欲望，不乱花钱。

### 步骤四：

培养男孩具有独立支配消费的能力。

父母要引导男孩学会科学地支配金钱，让他独立地支配自己的消费，比如，妈妈可以给孩子列出一个购物清单，把钱交给他，让他自己当一次小管家，自己去采购家里的生活必需品。这样不仅可以树立孩子的金钱意识，而且可以让他感受到父母对自己的信任，从而树立自己的责任感。这样可以逐渐地养成孩子办事认真、踏实、周密的生活作风，也有助于他养成勤俭持家的传统美德。

### 步骤五：

注意男孩的消费倾向，及时加以引导。

现在孩子们不良的消费观念，也带来很多严重的问题。比如，过分地追求物质享受、盲目地攀比，而让孩子们无暇顾及学习；为了追求物质享受，为了获得金钱，有些孩子不惜走上犯罪的道路，这些都是不利于孩子们的健康成长的。父母要及时地关注男孩的消费倾向，引导他合理地消费，使得男孩养成科学消费的好习惯。

## 让男孩学会储蓄和投资

刘凡是一名初中二年级的学生，别看他只有14岁，他可是同学中间有名的小富翁。刘凡在上小学一年级的时候，妈妈就帮他办了一个银行账户，从那时候起，爸爸妈妈就指导他把节省下来的钱全部存进银行账户。到了小学三年级的时候，刘凡的账号上面已经有了3000多元钱。在放暑假的时候，爸爸又开始给儿子灌输钱生钱的道理，让他从银行取出几百元钱来，自己去批发冷饮来卖，虽然是小本生意，但是一个假期下来，刘凡发现自己竟然赚了200多元钱，这对于一个小学三年级的孩子来说是一笔大钱，刘凡十分开心。上小学四年级的时候，爸爸又指导刘凡把自己账户里面的4000元钱取出来，分成两份，一份用来买股票，一份用来买基金。当然爸爸妈妈那时候既要帮着刘凡炒股，又要手把手地教会他一些炒股和买基金的基本常识。就这样到了小学六年级的时候，刘凡已经是一名资深的股民了，他可以自己操纵股票和基金。现在刘凡的股票和基金的价值已经达到了4万元钱了，他成了名副其实的小富翁。同学都很佩服他，受他的影响，班上也有不少同学开始学习炒股或者其他的投资，课余时间有不少同学会向他请教炒股经呢！

刘凡尽管只是一名初中生，但是因为他学会了储蓄和投资，他的财富也在不断地增长着，我想很多父母看了刘凡的故事一定能从中受到一些启发。是的，要教会孩子储蓄和投资。

在关于教育孩子储蓄和投资方面，我们先来看看国外的一些做法：

有一种传统的价值观在新加坡大人、孩子中始终牢固不变，那就是：节俭和储蓄是美德。从银行存款额看，新加坡全国中小学生 1992 年参加储蓄的百分比超过 53%，平均每名学生大约有 1144 新元存款。新加坡的学生如此会存钱，在于社会与家庭、学校的合力引导。教育部、邮政储蓄和银行每年都开展全国性的校际储蓄运动。在这种环境下，许多孩子都成了储蓄迷，为了防止自己花钱大手大脚，连提款卡也不申请。

与此相似的还有比利时，目前 80% 的在校生有自己的银行储蓄，有 1/3 的孩子将自己零花钱的半数存到银行里。

当然，在对孩子的理财教育上最有一套的还是犹太人，因为犹太人会送股票给刚满周岁的小孩，这是他们的民族惯例，尤其是北美的犹太人更是如此。这种耳濡目染的投资概念最终会影响孩子，并让他对投资产生兴趣。这让中国的父母听起来有点像是天方夜谭。因为不少中国父母的观念是孩子的少儿时期应该是“一片净土”，不应该让他沾染上铜臭。

据现代心理学的研究表明，少儿理财教育一般都应从孩子 3 岁左右时开始进行，并认为这种教育与其他教育一样，对少儿来讲都是自然、适时和科学的。在这方面，美国人的成就非常突出，可以说已积累了一整套成功的经验。他们的教育方法清晰地依据了少儿的生理和心理的自然发展，体现出生动取材、由浅入深、循序渐进的鲜明特点。

他们对孩子的具体目标要求与训练项目是：

3 岁能够辨认硬币和纸币；

4 岁认识每枚硬币是多少美分，认识到他无法把商品买光，因此必须作出选择；

5 岁时知道基本硬币的等价物，知道钱是怎么来的；

6 岁能够数数目不大的钱，能够数大量硬币；

7 岁能看价格标签；

8 岁知道可以通过做额外工作赚钱，知道把钱存在储蓄账户里；

9 岁时能够制订简单的一周开销计划，购物时知道比较价格；

10 岁时懂得每周节约一点钱，以便大笔开销时使用；

11 岁时知道从电视广告中发现事实；

12 岁时能够制订并执行两周开支计划，懂得正确使用银行业务中的术语；

12 岁以后至高中毕业阶段，则鼓励孩子做一些购买股票、债券等投资活动和业余时间从事打工或商务的赚钱实践工作，从而为以后的社会人生做好充分的准备。

看了国外的一些做法，中国的父母是不是也应该转变一下自己的观念呢？应该从小就树立孩子的金钱意识，让他学会储蓄和投资，这对于他未来的人生来说将是一笔取之不尽、用之不竭的财富。

那么，父母应该怎样做呢？

## 步骤一：

从小培养男孩的储蓄意识。

现在随着生活水平的提高，父母给孩子的零花钱也逐渐增多，而孩子获得零花钱的途径也在增多。当男孩有了零花钱之后，父母就应该引导他学会储蓄，防止他把钱胡乱花掉。父母可以帮助孩子在银行开设一个账户，让他把钱存入银行。父母还可以鼓励孩子给自己树立存款的目标，当然存的那些钱是自己通过合理的途径节约下来的。适当的时候父母也可以教会孩子计算利息的方法，让他从小就开始明白钱生钱的道理。

### 步骤二：

指导男孩打理好自己的银行账户。

一般来说，给男孩开设的账户应该以银行活期存折的形式出现比较好，这样方便男孩随时存钱和掌握自己账户的动态。如果孩子的存款已经达到了一定的数额，而且这笔钱又不需要急用的话，可以给他办理一张定期的银行卡。通过这样的方式，可以教会孩子自己管账，让他及早地学会自己理财。

### 步骤三：

教男孩学会如何让钱生钱。

父母不仅要教孩子学会储蓄，还要教会他投资，教他学会让钱生钱，从而实现财富的增值。不少父母都忽略了这一点，觉得孩子还小，是不可能懂得股票和投资的，其实这种想法是错误的。父母应该从小让孩子知道一些简单的投资知识，教会他股票价格涨跌的概念，也可以买一支股票，让孩子试着操作一下，让他亲自感受盈利和亏损。这样做，并不在乎孩子能赚多少钱，而是要让他领会投资的技巧和意义，这是很好的理财课。

## 培养男孩的经济头脑



威廉姆从小就是一个很会挣钱的小男孩，5岁的时候他的零花钱大部分都是通过自己给家里做家务得来的，8 岁的时候他就在暑假的时候通过自己修剪草坪小赚了一笔，10 岁的时候他就会从批发市场购进一批小东西，然后卖给同龄的孩子。12 岁的一天，他见妹妹爱丽丝做的巧克力蛋糕十分别致，有的像小猪，有的像小金鱼，有的像黄牛，还有的像天上的云朵，栩栩如生。顿时一个大胆的想法在他的脑海里面产生：妹妹的手这么巧，我何不把她的这些杰作在网上销售呢？一定会有人喜欢的。说干就干，于是他拟定了“商业计划书”，然后从父母那里借来 1 万美元作为启动资金，建立了一个“巧克力农场”的网站。没有想到这个网站一炮打响，他不仅还清了从父母那里借来的钱，还盈利不少。现在威廉姆 16 岁，但他已经是一家拥有 30 名员工的公司的老板了，公司的年均收益 100 万美元。

威廉姆尽管年龄不大，但是他却是一个具有经济头脑的男孩，所以和他同龄的孩子还在安静地享受校园生活的时候，他已经是一名腰缠万贯的小老板了。

再来看看我们身边的不少和他同龄的男孩吧：手里有了钱除了买衣服、买玩具，吃肯德基、麦当劳，就没有其他的方式了；明知家庭生活不富裕，父母供养他上学已经很困难了，他还对父母提出这样那样的不合理的消费要求；还有不少孩子，花钱的时候大手大脚的，尽管自己不会挣钱，但是花钱如流水，花完却不知道钱都花到哪里去了。这样的孩子都是不具备经济头脑的，所以他不会理财，更不知道怎么挣钱，怎么让钱生钱，只会花钱。

从时代发展的需要来说，从小培养孩子的经济头脑是一件刻不容缓的事情。在以经济建设为中心的今天，培养孩子的经济头脑既可以让他缩短与社会的认识距离，又可以避免过去那种“两耳不闻窗外事”的现象产生。从现代家庭教育来看，培养孩子具有“经济头脑”，不仅是一种生存教育，而且是一种素质教育，有了一定的经济头脑，可以提高孩子的辨别和分析能力，促进他逻辑思维能力的提高。

在我们的传统观念里，孩子不宜过早与钱接触，所以很多父母都希望自己的孩子从小生活在一片远离金钱的净土上，而不注重培养孩子的金钱观，更不会注重培养他的经济头脑。因为在他们看来孩子还小，能教会他认识钱就不错了，至于经济头脑好像是大人才具备的，孩子是不可能学会的。其实这种观点是错误的，据专家指出，父母完全能够让孩子具有经济头脑，也能训练孩子养成良好的理财习惯，而这类教育宜早不宜迟。受到良好金钱观教育的孩子，长大成人后，能对金钱抱有正确的态度，从而处理好人与金钱的关系。

那么，父母应该怎样做才能从小培养男孩的经济头脑呢？

### 步骤一：

让男孩介入到家庭的财务计划和开支过程中。

不少父母都觉得孩子小，没有必要告诉他家里的财务状况。其实这种想法是不正确的，父母应该让男孩了解家庭的收支情况，可以让男孩介入到家庭的财务计划和开支过程中。在家庭的支出计划上让男孩共同参与讨论，这样会让他在消费方式上和父母取得统一的认识，也会给他带来小小的成就感。在他了解了整个计划的重要性之后，他会很积极地出谋划策，这样无形之中就培养出他的理财意识。

### 步骤二：

教男孩学会用最少的钱发挥最大的价值。

一般来说，刚开始学理财的时候，孩子是不知道怎么花钱的，父母应该从旁来指导他。父母可以带着孩子一起去超市购物，比如购买同样的薯片，价格却不同，可以引导孩子加以比较，这样可以买下便宜的那

一种，剩下的钱可以用来购买自己一直想要的那支彩色的圆珠笔。只有自己参与具体的实践过程，才能学会计划和管理自己的每一分钱，从而使最少的钱发挥最大的价值。这对培养孩子的经济头脑起一种刺激作用。

### 步骤三：

实施、示范合理的花销理念。

想要培养孩子的经济头脑，父母必须从日常消费和家庭理财方面给孩子作出榜样，比如说购物的时候可以带上孩子，哪些该买，哪些不该买，哪些买了划算，父母都要逐步地引导孩子。也可以通过自己的购物行为来培养孩子的理财意识，如提前作出购物计划、检查单价等，父母还可以让孩子自己付一次账。只有从小引导熟知消费规范，培养他的投资理财知识，以后他才能养成勤俭节约、崇尚劳动、热爱生活的美德。

# 送给男孩一生的幸福

## ——好习惯决定好前程

### 让男孩学会做事有计划，不做小糊涂

生活中，相信每一位父母都会遇到这样的场面：

每天早晨一起床，孩子就会着急地喊妈妈，我的衣服呢？鞋子呢？袜子呢？

有时候星期一给的零花钱，星期三他就花完了，问他是怎么花的，他会说："我也不知道，反正一下子就花完了。"

周末的晚上，拼命地补作业，白天只想着玩和看电视。

每次考试之前，他就会很忙碌，早起晚睡的，因为平时不复习，这时候着急了，所以忙乱不堪……



你看，这些缺乏计划性的男孩，不仅苦了自己，还让父母操心。男孩做事缺乏计划性和条理性，想起什么做什么，东一鎯头西一棒槌地胡抓乱挠，往往是做了这件事，忘了那件事，到头来什么事情也做不好。

男孩做事没条理没计划，说明男孩的逻辑思维能力不强，处理问题缺乏系统性。这与男孩的不成熟有关系，如果父母不帮助孩子纠正，可能导致男孩做事鲁莽草率，成人后对自己的人生缺乏整体的规划。古往今来，做事没有计划、没有条理的人，无论从事哪一行都不可能取得成绩。一个在商界颇有名气的经纪人曾把“做事没有条理”列为许多公司失败的一个最重要原因。

其实要解决这些问题也很简单，父母要引导男孩们学会做事有计划，对自己要做的事情有具体的时间规定，有准备、有措施、有安排、有步骤。

男孩一旦养成了有计划和自觉地做事的习惯，不仅可以使父母省心，还能自己有条不紊地处理学习和生活中的事情。而一个做事没有计划、马虎的人，他不仅无法很好地进行学习和工作，而且还不会料理自己的生活，这样的话他就会在生活道路上遇到很多的障碍。不利于他的成长。所以说，父母应该从小培养男孩做事的计划性。

那么，父母应如何做才能使男孩做事有计划呢？

### 步骤一：

放手，培养男孩做事的能力。

父母不是怕男孩做不好事，就是心疼他，所以常常不愿意让他去做事，这样就会剥夺男孩做事的权利，让他感受不到做事的快乐，自然就会做事不积极，没计划。父母应该放手让男孩自己去尝试，让男孩通过实践来积累做事的经验。也许刚开始男孩会做得一塌糊涂，但是父母还是要给予鼓励和支持，只有这样，下次他才愿意做。只有让他自己去做了，才能提高他做事的能力，他才乐意去做，父母再去引导他学会思考，学会计划，这样才能提高他做事的效率。

### 步骤二：

父母要和男孩一起制订计划。

要让男孩学会做事有计划，父母可以给男孩做示范，比如把自己的工作计划展示给男孩看，把自己的生活计划列出来让他参照。在做家庭计划的时候，可以征求他的意见，比如关于假期怎么安排，也可以听听男孩的建议。这样也是在逐渐地培养男孩制订计划的意识。等到他的意识成熟之后，父母就可以让他自己来做安排。比如说周末怎么活动，如果一天去动物园，一天去看外公外婆，要怎么安排，去动物园要看哪些动物，看外公外婆要买哪些礼品等等。如果男孩的安排是合理的，可以按照他的计划去执行，如果有不合理的地方，父母可以建议修改。通过实践，能培养男孩做事的计划性。

### 步骤三：

严格按计划办事，坚持落实计划。

有时候虽然男孩制订了计划，但是在施行的时候，他总是会提出这样那样的要求。父母不应该纵容，比如计划是要先做完作业才能去看动画片的，如果作业没有做完，父母就不能允许他看动画片。如果制订了计划而不去实行，和没有制订计划有什么区别，有时候甚至比没有制订计划更糟糕。制订了计划，就要严格按照要求执行，只有持之以恒，才能形成一种好习惯。

### 步骤四：

培养男孩积极思考的好习惯。

一件事情要怎么做，为什么要这样做，要让男孩学会思考。比如周末是先去同学家玩，还是先在家写完作业，让男孩自己去思考，自己选择。这样可以逐渐地培养他勤于思考的习惯，制订出来的计划更具有条理性。在引导男孩思考和征求他意见的过程中，会让男孩感受到父母对自己的尊重，这样日后他会更积极地思考，学会自己解决问题。

### 步骤五：

让男孩养成在做事情之前制订计划的好习惯。

比如男孩告诉妈妈周末要去植物园看花展，妈妈就要让他列出一个周密的计划：和谁一起去、几点出发、去参观哪些项目、乘车路线、几点回来等等。这样可以培养男孩做事严谨的态度，也可以让男孩在不知不觉中形成良好的习惯。

### 步骤六：

让男孩学会每日小结。

每天晚上睡觉之前都让男孩反省一下自己这一天的计划，有没有按时完成，哪些完成得比较好，哪些因为自己的原因没有做好。做好了的继续发扬，没有做好的要吸取经验教训，争取以后能做得更好。只有这样每天反省才能进步。

### 步骤七：

培养男孩做事的条理性。

在日常生活中，父母要告诉男孩用过的东西要放回原位，要把房间收拾得干净整洁，急需用的东西一目了然，晚上睡觉之前找好第二天要穿的衣服、鞋子放在床边，做完作业之后，要把书包收拾好。父母要监督男孩去做，这样可以培养他做事的条理性，一段时间之后就可以形成一种好的生活习惯了。

## 做事讲效率，培养男孩不拖拉的习惯

韩韩马上就要步入初中的大门了，但做事拖拉的坏习惯还没改正，让妈妈有些着急。每天早晨起床，妈妈要喊很多遍，他才能有点反应，到了冬天，妈妈越喊，他的头就越往被子里缩，有时候好不容易被妈妈拉起了床，穿衣服和穿鞋都是磨磨蹭蹭的。然后慢腾腾地去洗漱，弄得总是来不及吃早点，就匆匆忙忙地去学校。

在学校，他也一样磨蹭，上课的时候，别的同学的课本早就准备好了，他总是要在书包里面掏上半天，有时候老师已经开讲好大一会儿了，他还在找课本。考试的时候，别的同学的题目早就做完了，他还在磨磨蹭蹭地写着，一会儿找橡皮，一会儿看看同学，本来题目都是会做的，弄到最后他还做不完。

在家里写作业，韩韩也一样要人操心，本来四十分钟就可以写完的作业，他却边看电视边写，有时候妈妈强行关掉电视，他的速度还是很慢，一会儿看看这里，一会儿摸摸那里，过一会儿还要奶奶给他拿苹果吃，结果他的作业不仅做不好做不完，对家人来说就像是一场战役，要催促要监督，常常折腾一两个小时。

在日常生活中，我们经常会看见做事“慢半拍”的孩子：吃饭的时候，一口饭含在嘴里很难咽下；穿双袜子、系个鞋带得老半天；上学的时候磨磨蹭蹭地不想走；做作业的时候慢腾腾地写……这些都是拖拉的表现，也是一个非常客观并棘手的问题，轻则表现为对事物处理的缓慢拖延，重则更表现为对事物无动于衷。

是什么原因导致了男孩做事拖拉呢？

据专家分析，男孩拖拉大致有六个原因：

1. 男孩做事情的时候，动作不熟练，因为他缺乏一定的生活技能，所以导致他做事比较缓慢。

2. 男孩没有时间观念，做事情缺乏紧迫感，喜欢慢慢腾腾的。

3. 父母的过于迁就和纵容导致男孩的懒惰，这样他就会形成拖拉的习惯。

4. 男孩故意违背父母的愿望，父母不听他的意见。

5. 事情超出了男孩的能力范围，损伤了他的自信。

6. 遗传因素，如家属成员中有人做事比较拖拉，男孩也会养成做事拖拉的习惯。

我们不应该轻视这些看似不起眼的拖沓行为，美国心理学家约瑟夫·R. 法拉利认为，做事拖沓是一种“心”病，是一种心理不健康的表现，称为“慢性拖拉症”。

如果男孩的拖拉习惯没有得到及时的纠正，就会影响到他的学习成绩和学习效率，还会影响到他将来的学习和生活。所以说，父母一定要帮助男孩纠正他的拖拉习惯。

那么，父母应如何培养孩子不拖拉的习惯呢？

## 步骤一：

增加计时性活动。

为了帮助男孩改掉拖拉习惯，父母可以在他做事的时候增加计时性，做一件事情需要多长时间，事先可以和男孩商量好，然后让男孩在限定的时间内保质保量地做好。过后，要和男孩一起评价，看看下次是不是要缩短点时间或者是延长点时间。通过这种方法，可以训练男孩的时间观念，在规定的时间内完成了事情，父母要给予他鼓励，这样他就会慢慢地强化自己遵守时间的行为，提高自己的行动效率。

### 步骤二：

让男孩为磨蹭付出代价。

很多时候只是父母说男孩磨蹭，他自己却不觉得，只有让他体会到磨蹭是需要付出代价的，他才能自觉提高效率。比如孩子早晨起床，磨磨蹭蹭时，父母不要急也不要催促他，让他去磨蹭，因为迟到他会受到老师的批评。这样让孩子亲身体会到迟到的后果，他就会长记性，会认识到磨蹭的害处，以后自己就会加快速度。

### 步骤三：

制定规矩，勤督促。

父母可以帮助孩子制订一个计划，比如早晨7点起床、晚上作业没有写完就不能看电视、布置的任务没有完成就不能出去玩等等，父母必须监督男孩执行，不得违反规矩。坚持的时间久了，男孩就会形成一种好习惯，不需要父母的监督，自己也能严格要求自己，按时起床，按时完成任务。

### 步骤四：

不责备打骂，要采取合理的手段。

很多时候，男孩做事慢，父母就在旁边责备孩子，有的父母甚至还打骂孩子，但是起的作用也是暂时的，孩子只是暂时在父母的武力下变快了，过后还会照旧。有时候父母的责骂，还会让男孩产生逆反心理，他会故意反抗，故意磨蹭。所以说，父母要采取合理的手段来帮助孩子改正拖拉的坏习惯，武力是解决不了问题的，要多和男孩商量。

### 步骤五：

多一些鼓励和奖赏。

鼓励和奖赏会激发男孩的积极性。父母可以改变自己对孩子的评价，比如对孩子这样说："你做得真快！""你现在比过去快多了！""现在不用妈妈的提醒，你也能很快完成了，真棒！"这些激励能够打动男孩子，为了不让父母失望，他下次做事情的时候会下意识地提醒自己快点。因为父母的表扬，男孩就会有动力，会提升自己的自信，速度也会不由自主地快起来。

### 步骤六：

让男孩体会到"快"的乐趣。

男孩只有感觉到自己这样做是有好处的，是值得的，他才能有意识地让自己快起来。比如孩子在按时完成自己的作业之后，父母可以放手让他去做自己喜欢的事情，看看电视、看看课外书，和小伙伴一起玩耍，只有让他体会快速地完成任务之后给自己带来的好处，他才会加快速度。父母一定不要剥夺孩子的时间，节省下来的时间可以让他自由地安排，这样效果才会好。

## 男孩也可以做到细心认真

豪豪是个小学五年级的孩子，平时在课堂上总是积极举手回答老师的提问，父母、老师都夸他聪明。但是到了考试，总会出现一些不该错的题，老师和父母都觉得很奇怪。后来经过分析才知道，豪豪不是不会做题，而是因为他不细心，在阅读题目时总是马马虎虎的，没看清楚就开始答题了，导致错误频出，这就使得考试成绩和平时的学习情况不吻合。

生活中豪豪也是个小马虎，每天收拾书包、文具的时候，不是少带了书本，就是少带了作业本，到了学校要用的时候才发现自己竟然忘在家里了。妈妈没有办法，常常在他收拾完东西的时候，再帮他检查一遍，有时忘记检查了，就可能丢三落四。

生活中，像豪豪这样马虎、粗心的孩子，我们会经常见到。因为马虎，在做作业的时候，很简单的题也会出错，考试成绩总是不理想，不是他不会做那些题，而是看题的时候不细心，没看清楚就匆匆忙忙下笔，结果一下笔就错。他总是丢三落四，不是忘记带了，就是忘记放在什么地方了。这种习惯给他的学习生活带来了很多麻烦，也让父母感到十分头疼。

粗心是一种坏习惯，不利于男孩的学习生活，也不利于他的成长和成才，将来长大参加工作，也会给他的工作上带来不利的影响。不过这种坏习惯不是天生的，而是后天形成的。

导致男孩粗心的原因有哪些呢?

1. 男孩还处在成长中，视觉记忆和辨识能力比较弱，所以常会看错题目或者记错题目。

2. 父母没有及时纠正男孩的马虎，时间长了就形成了习惯。有时候，父母觉得孩子还小，长大了自然就好了，所以即使发现了男孩的马虎也不纠正，这样长期下来，男孩就形成了习惯。

3. 孩子缺乏责任心，做什么事情都不放在心上。因为孩子毕竟年龄小，无论在学习上还是在生活上，不管质量如何，完成就好。

4. 孩子的学习任务繁重，作业多，心里焦急，想急急忙忙地赶着做完，却没想到越忙越易出错。

为了男孩的健康成长，父母平时要注意纠正男孩这种粗心马虎的坏习惯，培养他细心的好习惯。

那么，父母应如何培养男孩细心做事的好习惯呢?

## 步骤一：

从身边的小事抓起，培养男孩细心的好习惯。

父母应该从身边的小事来要求男孩，只有这样，从小到大，循序渐进，男孩才会逐渐地养成细心的好习惯。比如每天早晨起床要求他叠被子，把自己的房间收拾干净；用过的毛巾、牙刷、杯子等物品，要放回原来的位置；平时看的书和不经常看的书，要分类放好；收拾书包的时候，要仔细地检查，看看有没有落下的文具和书本。孩子们做这些的时候父母要提醒、指导，事后还要检查一遍，及时发现一些问题并给予纠正，好的地方要提出鼓励和表扬。经过一段时间的重复，孩子已经不需要你的督促和检查了，养成了好习惯，那么你就可以把这个好办法用到他的学习上了。这些就需要一个循序渐进的过程，然后习惯成自然。

## 步骤二：

给男孩一个安静的学习环境。

父母要给男孩提供一个安静的学习环境，有条件的可以专门给男孩准备一间房子，他可以在里面安静地写作业。父母在孩子写作业的时候，不要大声地喧哗，不要把电视的声音开得很大。有空的话，父母可以坐下来安静地看看书、读读报，陪着男孩一起学习。男孩在做其他事情的时候也一样，父母不要干扰他，让他静心地做，这样他才会全神贯注。父母干扰过多的话，会让男孩心烦意乱，三心二意，这样是做不好事情的。当男孩心情烦闷的时候，父母要帮助他疏通，让他尽快回到轻松愉快的状态上来，这样他在做事情的时候才会认真细心。

## 步骤三：

培养男孩良好的学习习惯。



平时父母在帮助孩子检查作业时，发现错误的题应及时地给他指出来，这样做让孩子养成了依赖思想。当他一个人单枪匹马地去参加考试的时候，总是错误百出。父母应该教会男孩在做完作业的时候，自己检查错误并改正。如果他因为自己不认真检查，最后出错，必然会受到老师的批评，这样也会促使他吸取经验教训，下次好好检查。长期坚持下来，就会形成一种好习惯。

父母平时也要注意观察，看看男孩马虎的问题出在哪里，是审题不认真，还是不认真检查。如果是审题不认真，父母应该教会他正确的审题方法，耐心认真地读完题目，理解题意再去答题，这样孩子的错误就会少很多。父母一定不能心软，不能松懈对男孩的要求，只有持之以恒地坚持下来，他才会逐渐地养成细心的好习惯。

**步骤四：**

培养男孩的责任心，发掘他的兴趣之所在。

父母平时可以要求男孩帮助做一些力所能及的家务活，及时地提出表扬，肯定他做得好的地方，纠正他做得不好的地方，这样可以逐渐地培养男孩的责任心，有了责任心，男孩就会负起责任来，做事就会变得认真。

父母还要在平时的日常生活中，发掘出孩子的兴趣之所在。所谓兴趣是最好的老师，有了兴趣，孩子们就会对一件事情兴致勃勃、乐此不疲，就会主动地认真地去学习、去钻研，会把自己的所有心思都用在这件事情上。而孩子对于自己不感兴趣的事情，会心猿意马，难以静心、安心地做，所以也就做不好。兴趣是培养男孩认真细心的一剂良药，父母一定要注意培养男孩的兴趣。

## 让男孩养成节俭的习惯



13 岁的坤坤学习成绩很好，也很聪明，但有一个让父母比较烦恼的缺点：浪费。不管是在哪里吃饭，坤坤总是喜欢把好吃的夹到自己的碗里，一会儿就堆得像小山一样高。而他又总是吃不完，有时候把自己的碗推给妈妈或奶奶，“我吃不完了，你们吃吧”。奶奶为了他的健康成长，给他订了牛奶。喝了一段时间之后，他就不喝了，说是喝够了，已经不喜欢了。他从来不知道关灯，洗澡时水开很多，时间很长，批评过他多次，可他就是没记性。

买衣服、鞋子的时候，非名牌不要。他理直气壮地说：“我同学的衣服、鞋子都是某某牌子的，我也要，不然的话穿出去多没面子。”他全然不顾家里的经济状况。这才开学不久，他就吵着要手机，说是自己的同学都有。妈妈想了想，给他个手机，联系起来也方便，就答应了，于是决定把自己的手机先给坤坤用。可是坤坤死活不要，说自己要买新的，要那种能拍照、能听歌、听广播的那种，自己同学买的都是那种。妈妈说，先用着，等以后再买，可他不愿意，还说要是不给买就不去上学了。后来还是坤坤的奶奶看着孙子实在没有办法，拿出自己两个月的退休金给他买了一部新手机。

中国有句古训：成由勤俭，败由奢侈。勤俭节约自古以来就是中国民族的传统美德，是一种良好的习惯。然而，现在的很多孩子都像文中的坤坤一样，不知道节俭，没有这种好习惯。

如今的孩子大多数是独生子女，对于他的物质要求，父母总是有求必应，有些父母甚至还千方百计地来满足孩子不合理的要求，生怕别的孩子有的东西自己的孩子没有。而他们对于自己想要的东西是一定要得到手，有时候甚至通过哭闹、威胁、发脾气来达到自己的目的。而一旦东西买来了，他也不知道珍惜，看见别人有更好的又要买。吃穿都要名牌，花钱大手大脚，不知道钱是从哪里来的，奢侈浪费已经到了严重的地步了。

其实，孩子们奢侈浪费习惯的养成，很多是因为父母的教育方式有问题，他们总是过分地满足孩子的物质需求，而忽略了对孩子道德品质的培养，这样孩子就会变得虚荣、爱攀比、爱炫耀，只知道贪图享受，却不能体谅父母的辛苦。

男孩的奢侈浪费不仅仅是花钱多少的问题，更重要的是，时间长了就会让他养成享乐主义的思维模式，只知道索取，不懂得付出，也不愿付出。这样的男孩将来会有什么出息呢？所以，父母一定要让男孩从小就懂得节俭的道理，养成节俭的好习惯。

那么，父母应如何让男孩养成节俭的好习惯呢？

### 步骤一：

给男孩树立节俭的榜样。

父母在平时的日常生活中要注意不要大手大脚，该花的钱花，不该花的钱不花，不要买一些奢侈品，东西适用就好，不一定非要买高档的、新的。在家中该节俭的地方一定要节俭，比如可以用洗衣服的水来冲厕所，用洗过菜的水来浇花，一些废弃的盒子可以留着装东西用等等。这样父母就可以用自己节俭的行为来影响男孩。

### 步骤二：

引导男孩树立正确的金钱观。

随着物质生活水平的提高，现在父母给孩子的零花钱也越来越多，孩子们钱财的来源也越来越多。很多男孩根本不知道钱是怎么来的，只是知道自己用完了，还可以问爸爸妈妈、爷爷奶奶要。这样得来的钱，孩子当然没有节约意识。父母应该帮助男孩树立正确的金钱观，让他知道钱都是父母通过自己的辛勤劳动，一分一分地挣来的，不是天上掉下来的。这样男孩心里慢慢才有金钱的概念，知道钱是来之不易的，要节约用钱。

### 步骤三：

指导男孩学会消费。

男孩一旦手里有了钱，大多数会用来买好吃好玩的东西。父母要教会男孩如何用钱，教会他选择一些有价值的东西买，做一些有意义的事情。比如可以让孩子用钱来给自己买书，买一些学习用品，也可以把钱捐给希望工程、捐给灾区等等。这样才能让孩子手里的钱发挥真正的价值和用途。父母要教会男孩量入为出，不要看见什么都买，要根据自己的购买能力来花钱。要鼓励男孩学会给自己记账，控制自己的每一分钱。

### 步骤四：

让男孩通过实践来树立节约意识。

教育男孩要节约，可以从小事着手，比如不和别人比吃比穿比用，要珍惜每一分钱，不乱花钱。在家里，父母要让男孩爱惜桌、椅、柜、玩具等物品，这样才可以用得久，水电要学会节约着用，要爱惜粮食，要控制自己的浪费习惯。这样才能逐渐培养男孩的节约习惯。

此外，父母应该放手让男孩尝试一下自己挣钱的不易，比如说周末的时候可以鼓励孩子上街卖报纸，可以鼓励孩子去帮助一些企业发宣传单挣小费，这样让他通过自己的实践来体会挣钱的不容易，从而懂得节约。

## 自我激励是男孩成长的驱动力



旺旺在小学期间的学习成绩就是中上等，上了中学还是这样，没什么改观。在中学学习，他和在小学的时候一样，上完课就早早出去玩，作业马马虎虎地做。在他看来，还和在小学的时候一样学习，自己的学习成绩不会好到哪里，也不会坏到哪里，这样就挺好。所以他就迷迷糊糊地过日子，同学们都热火朝天地学习的时候，他还在操场上打篮球、踢足球。有时候他找同学和他一起玩，同学们都以要做作业、要看书为由拒绝了他，他还在心里嘲笑他们是一群书呆子。

很快学期过半，在期中考试的时候，旺旺的成绩跌入了中下等。但是他没有意识到自己要努力学习，依然和以前一样混着过日子。很多明知是不会的题目也不去在意，觉得没有必要费工夫学，学习的时候也是一知半解的。该玩的时候还是出去玩，该打游戏的时候照打不误。到了期末考试了，旺旺这才发现，自己很多题目都不会，尤其是英语，就连最简单的题目他也不会做。其他的学科，也因为平时听讲的时候就是一知半解的，到了考场上就更没有辙了。所以这次旺旺的成绩是班上的倒数第十名。成绩出来后，旺旺有点欲哭无泪的感觉，他不知道自己要怎么做才能赶上去。

分析上文中旺旺失败的原因，我们就会发现是旺旺自己不思进取的结果，也就是说旺旺缺少了自我激励，新的环境和新的学习模式，他没有去琢磨，看着不好的成绩他也不在乎，得过且过，没有要奋起直追，直接导致成绩一塌糊涂。

自我激励是一种习惯内化的结果。在事物的发展变化中，内因总是起着主要的、决定性的作用。在男孩成长的过程中，父母的鼓励和激励也仅仅是外因的作用起着辅助性的作用。最重要的还是要让男孩学会自我激励，自己鼓励自己，自己肯定自己，认为自己是最棒的最好的，这样他才能雄赳赳气昂昂地前进。所以，父母除了要鼓励和肯定男孩之外，还要提醒他从内心学会承认自己，让他意识到自己真的很棒，然后不断地努力，最后真的变成很棒的孩子了。

一个善于自我激励的男孩，必然会有良好的心态，促使自己不断地进步，即使遇到困难和挫折也不能阻碍他前进的信念，这样他就可以充分地发挥自己的潜能，创造出奇迹来。而一个不善于激励自己的孩子，就像没有油的汽车一样，不管别人再怎么推，他还是跑不快、跑不远，最终他会偃旗息鼓。一个善于自我激励的男孩，即使他现在各方面的条件并不比别人优越，但是他通过自己的努力，通过自己激励着自己不断成功，最终也会超过那些原本各方面条件都优于他的、不思进取的人。所以说，父母要鼓励男孩学会自我激励、给自己喝彩，这也是一个成功男孩必须具备的素质。

那么，父母应如何鼓励男孩学会自我激励呢？

### 步骤一：

改变表扬用语的主语。

孩子因为年纪小，意识不到自我激励的重要性，喜欢依赖于父母的表扬和鼓励，父母应该通过日常生活的一些用语来改变孩子对他人外部赏识的依赖。最好的办法，就是父母在表扬孩子的时候改变主语，把“我”改成“你”，把父母对孩子的表扬和肯定变成孩子对自己的表扬和肯定。比如“你在今天的演讲比赛中表现很棒，我真为你感到骄傲”。改为“你在今天的演讲比赛中表现很棒，你一定为自己感到骄傲”。这种表述可以让他认为自己这样做是很棒的，是值得肯定的，尽管去除了父母的肯定，但是却让男孩得到了自己的肯定，下次在遇到这类事情的时候，他就会强化自己的行为，会做得更好。

### 步骤二：

让男孩认识到自己的优点，鼓励自己表扬自己。

每个男孩都有自己的优点和缺点，要让男孩认识到自己的优点，盯着自己的优点看，提醒他学会肯定自己，学会鼓励自己，学会表扬自己。比如，孩子有些胖，他需要减肥，今天他特别想吃炸鸡翅，但是想着吃了会变胖，就使劲控制自己了，最后还是没有吃。这时候父母可以告诉他："你真棒，你应该对自己说：'我能行，我能控制好自己，我一定能减肥。'"这样不仅表扬了孩子，也让孩子意识到自己的行为是多么正确，自己应该为自己今天的表现感到高兴。当男孩受到挫折的时候，父母要帮助他调整心态，要让他认识到自己还有很多优点，那是别人不及他的地方，这样有助于他自我激励。孩子习惯了不管在做什么事情都自我鼓励的时候，他就离成功更近了一步，当他感到难过、失望的时候，他也会在心里告诉自己："没有什么，我一定能够坚持，能做到做好！"

## 步骤三：

帮助男孩确定自我激励的目标。

当一个男孩为自己记不住一篇课文而烦恼的时候，父母应该告诉他："我小的时候刚开始也是记不住，后来静下心来努力去记，结果就背会了，并且不再忘记了。我相信你也一定能做得到。"这样孩子在心里就有了自我激励的目标，很快就会完成任务了。不管男孩遇到什么困难，只要有一个目标，又善于思考，通过自己的努力，他就一定能实现自己的目标。

## 步骤四：

强化男孩的自我激励。

当男孩学会了自我激励，父母就要及时地引导男孩让他把对自己的肯定记下来，加以强化。可以让男孩给自己写信、写日记，或者是给自己设计一份小奖品，来激励自己通过努力而获得成功。这样可以让男孩明白，通过自己的努力而获得成功是对自己的一种最好的褒奖。有时候也可以让他把自己给自己写的信或者写的日记拿出来看看，尤其是在没有动力的时候，这样通过汲取以前成功的力量，他又会重新投入到新的战斗中。

### 步骤五：

父母要保护男孩的自尊心。

不少父母在孩子犯错误或者不思进取的时候，总会采取打骂或者责罚的手段，这样不仅会让孩子的自尊心受到伤害，还会打击他的自信心，这样他就真的会变得不思进取。正确的做法是父母要多听听孩子的想法和意见，要与他及时沟通和交流，鼓励他勇敢地表达自己的想法。这样不仅让孩子能感受到父母的爱和尊重，也会让他有着前进的动力，积极地自我激励。

## 提高男孩独立生活的能力

逸逸今年12岁，马上就要小学毕业了。妈妈打算让逸逸上初中之后就住校，因为中学离家比较远，免得孩子每天来回跑得辛苦。但是逸逸目前的表现有点让妈妈担心。

直到现在，逸逸还不会系鞋带。有一次，妈妈看见他的鞋带散了，就问他，怎么不自己系上，他说自己不会系。这时候妈妈才想起来，每天早晨逸逸的鞋带都是奶奶帮助系的，爸爸妈妈工作忙，一大早就赶着上班去了，只有爷爷奶奶在家照顾孩子。长这么大，逸逸还没有自己洗过衣服、袜子，有时候他看着奶奶辛苦地拖地，想帮忙，奶奶总是怕累着他。长这么大，逸逸还没有独自买过东西，买衣服是爸妈陪着，买文具之类的是爷爷奶奶陪着，有时候也是爸爸妈妈直接买好了给他。时间久了，逸逸都不知道怎么去找人买东西。一次，奶奶在家赶着做饭，没有酱油了，想让逸逸下楼帮她买瓶酱油，但是逸逸拿着钱对奶奶说："奶奶，我还没有自己买过东西，我不知道该怎么和人家说。"奶奶想想也是，于是关掉火自己下楼去买了。

逸逸的胆子很小，一个人在家他会觉得怕，打雷的时候他也害怕。长这么大，他不敢学着自己骑自行车，因为怕摔着，每天上学还是爷爷骑着自行车送他去学校。为此，同学们都嘲笑他，说他还像没有断奶的孩子一样，他自己也觉得很自卑。

生活中像逸逸这样的孩子不在少数，马上升入初中了还没有一点独立生活的能力。

独立生活能力是一个人生存、发展的最起码、最基本的能力。每个孩子都不可能在父母的羽翼下生活一辈子，他会长大，会离开父母温暖的怀抱，独自面对生活中的风风雨雨。所以，父母应该从小就培养男孩独立生活的能力。

但是，现在的父母都一心望子成龙，只注重男孩智力的投资和开发，却忽略了培养他独立生活的能力。他们把男孩力所能及的事情大包大揽到自己的身上，让男孩一心管好学习就行了。这样培养出来的男孩都是高分低能的人，离开了父母就无法自己生活。因为他在父母的呵护下过惯了衣来伸手饭来张口的生活，他就会对父母越依赖，缺乏独立性。因为体会不到生活的艰辛，他还会养成贪图享乐的坏习惯，有些孩子以后甚至还有可能走上犯罪的道路。

在这点上，中国的父母应该学学德国的父母。在德国，1 岁多的孩子基本上都是自己吃饭，几乎看不到父母端着饭碗追着孩子喂饭的情景；6 ~ 10 岁的孩子要帮助父母洗碗、扫地和买东西；10 ~ 14 岁的孩子要参加修剪草坪之类的劳动。而再看看我们自己呢？相信很多父母会陷入沉思中。

非智力因素的心理品质与健全人格的欠缺，是现在独生子女们面对的一个非常严重的问题。父母在让孩子搞好学习的同时，应该鼓励他锻炼自己独立生活的能力，不要娇惯他，这样才是真正的爱，才能给予孩子一个健全的人格和自信的人生，才能让男孩们开创属于自己的一片蓝天，在自己的天空中飞得更高更远。

那么，父母应如何做才能提高男孩独立生活的能力呢？

### 步骤一：

允许男孩自己动手做些力所能及的事情。

男孩在看见父母做事情的时候都有尝试的欲望，不少父母总是担心自己的孩子做不好，所以连尝试的机会都不给他，这样会打击孩子的自信心。父母应该放手，允许男孩做他喜欢的力所能及的事情，尽管做得不好，但是经过不断的尝试和锻炼，他才会提高对事物的认识，才能做得越来越好。如果不尝试不锻炼，他永远也不会做。要鼓励男孩自己尝试在家里洗碗、扫地、洗衣服，父母要有耐心，要不怕麻烦，由着孩子自己去做，只有这样他才能在劳动中经受锻炼。要让男孩学会自己的事情自己处理，还要让他学着为家庭成员服务，为大家做些力所能及的事情，只有这样才能培养男孩独立生活的能力。

### 步骤二：

用心去欣赏，鼓励男孩的进步。

男孩不管做什么事情都希望得到父母的认同，希望听到父母的表扬，这样他就会树立信心，继续努力。父母要学会用心去欣赏孩子，发现他身上的闪光点。在男孩完成一件事情的时候，不管好与坏，父母都要给予及时鼓励，要看到男孩在做这件事情的时候付出的努力，不要光看结果。只要认真观察，每个孩子都有他值得赞赏的地方，父母要及时指出来并给予引导，这对男孩来说是极其重要的，是他继续奋进的动力，也是培养他独立生活能力的手段。

**步骤三：**

赋予男孩一定的家庭权利，让他学着承担责任。

父母总觉得男孩还小，还不够成熟，因此总是不给他行使权利的机会，这样他就永远也学不会独立，对大人的依赖也会加深。父母应该赋予他一定的家庭权利，培养他的责任感。比如父母可以赋予男孩经济支配的权利，让他学会支配自己的零花钱，学会记账，学着消费，这样逐渐地还可以培养男孩的理财能力。在家庭会议中，要允许他发言，这样不仅可以锻炼他的思维能力，还能锻炼他的交际能力。在日常生活中，还要培养男孩的责任感，有责任感的男孩才能有动力，才能更好地独立生活，将来走上社会，也更能适应社会的发展需要。

# 为男孩的危险期护航

## ——陪男孩安全度过青春期

### 叛逆不是孩子在胡闹

14 岁的江江原本是个听话的男孩，学习成绩也一直是班上的前三名，父母为有他这样的儿子而骄傲，所以对他也十分放心。但是进入初二之后，爸爸妈妈发现江江变了，首先江江变得十分情绪化，经常爱发一些莫名火，有时候爸爸妈妈多说两句，他就会表现出满脸的不耐烦：“我知道了，我知道了，我知道该怎么做。”以前江江是从不和父母顶嘴的，现在不仅爱顶嘴，而且压根不听父母的话。面对父母和老师的批评，他再也不像以前那样虚心地接受，而是一脸的不服气，有时候甚至还狡辩，和父母、老师发生争执。

最近，江江还迷上了上网，主要是玩网络游戏和与人聊天，每天晚上都要玩到很晚，不管爸爸妈妈怎么说，他就是不关机。一天晚上，已经过了 12 点，他还在上网，爸爸起来把他的网线拔掉了，他就和爸爸闹别扭，随后竟离家出走。妈妈给他打电话，他也不接。后来妈妈发信息给他，让他赶紧回来。他对妈妈说，以后不要管他，他就回来。他说不要再拔掉他的网线了，否则他以后出去了就永远不回来了。爸爸妈妈只好答应了他的无理要求，先让他回来再说。结果回来他又沉浸在网络里，不管爸爸妈妈的态度。老师也在不断地反映，最近他上课爱打瞌睡，成绩也下降了不少。而江江的爸爸妈妈面对他的叛逆，根本不知道自己应该怎么做。

可以说，江江的行为是一种极端的逆反，是叛逆心理的表现。有些叛逆心理的男孩不接受父母或者老师的批评、受不了一点点的挫折和压力，他喜欢由着自己的性子做事情，根本不会考虑别人的想法，只要是不合自己心意的事情，他就会反抗。但是父母也不必担忧，要知道叛逆有时候可能会伴随男孩的整个成长过程。但是对大多数男孩来说，在他的成长过程中主要有两个叛逆阶段：第一阶段，在 3 ~ 4 岁的时候；第二阶段是 12 ~ 15 岁的时候，也称为青春期叛逆。

不少父母都觉得特别奇怪，儿子自从上了初中之后慢慢地就变得不一样了：学会和大人顶嘴了，叫他做的事情他偏不做，不要他做的事情他非要做，简直是无理取闹。要是父母说他几句，他不是发脾气不听管教，就是赌气离家出走，这让父母十分头疼。

其实，父母要理解，这是男孩成长道路上的一个必经的阶段，男孩进入青春期之后由于生理变化引发心理变化，他遇事开始思考，形成并不成熟的主见，对父母的话开始怀疑。父母应该从孩子成长的角度来看，叛逆实际上是男孩的心理在成长，只有经过这个青春叛逆的阶段，他才会逐渐摆脱对成人的依赖，成为一个有独立思考能力的人，叛逆的过程就是男孩在学着思考的过程。在这一阶段，由于男孩的思维能力还不成熟，加上他缺乏一定的生活经验，因此他对事物的认识还仅仅停留在表面阶段，带有很大的局限性，这就需要父母的及时引导。

那么，父母应如何及时引导男孩的叛逆行为呢？

**步骤一：**

讲清道理，不批评责骂。

当男孩的行为和要求不合理的时候，父母首先要和男孩讲道理或者给他讲一些类似的小故事，让他通过道理或者小故事得到启发，认识到自己的行为或者要求是不当的，从而纠正自己的想法和要求。切忌粗暴地批评、责骂男孩，那样会伤害他的自尊心，有时候也会激起他故意反叛的心理。父母如果采取以柔克刚的教育方式，不仅有利于男孩认识自己的错误并且改正，还能缓解父母和男孩之间的关系。

**步骤二：**

平等对待，尊重男孩的意见。

随着男孩年龄的增长和自我意识的增强，父母一定要把他看做是独立的个体，要给他发言的机会。要耐心倾听男孩的一些想法，即便男孩偏激或者易说错，也不能立即就生气地指责他，而是要心平气和地给他解释。父母在听完男孩的建议之后，要给出积极的反应，指出他的不足之处，对于他合理的要求要满足。这样会让男孩觉得自己是受尊重的，以后他也会乐意对你坦诚他的想法。

**步骤三：**

培养男孩的独立意识。

父母作为过来人，总是害怕自己的孩子吃亏，所以在男孩遇到事情的时候总是积极地说教，岂不知这样有时会让男孩很反感，更加激起他的逆反心理。在面对一些问题和困难的同时，父母不妨放手让男孩自己去解决，只有他犯错了或者受到挫折，通过亲身的实践和感受，他才会加深对自己的认识，同时也培养了他的独立意识，积累了他的生活经验。同时，在学着解决困难的时候，也培养了养他的抗压能力和责任感，提升了他的自信心。

### 步骤四：

及时调整教育方式。

随着孩子进入青春期，他的变化越来越大，身体的、心理的呈集中爆发现象，父母有时难以适应，觉得孩子在不停地触犯自己的威严。其实，这时父母就要改变自己的教育方式了，如果还是维持孩子小时候的那种教育方式，肯定行不通。聪明的父母都会及时地调整自己的教育方式，看看自己是不是给孩子压力过大，自己的唠叨是不是过多，是不是没有尊重孩子的想法，发现问题，然后积极解决问题。

## 早恋，不可胡乱扣帽子

最近几个月，老师们都频频反映潮潮的学习成绩下滑得厉害。潮潮的妈妈也觉得很奇怪，这孩子不但成绩下滑，性格好像也变了，以前回来总爱和自己打招呼的，现在变得很沉默，什么都不和自己讲了。

妈妈发现潮潮放学回家越来越晚，每次问，都说在学校写作业。周末的时候，潮潮也不在家看书学习了，没事就往外面跑，一出去就玩得很晚才回家。晚上躲在房间里面偷偷打电话，一打就是一两个小时。没事的时候还坐在椅子上发呆，有时候会看着手机短信发笑，有时候又会看着手机短信发呆，情绪很不稳定。这让妈妈很担心，孩子是不是病了？

看着儿子一系列反常的变化，妈妈坐不住了，马上暗中观察。直到周末的一天，妈妈从超市买完东西出来，看见潮潮拉着一名女生的手在马路对面走着。妈妈刚开始以为是自己看花眼了，后来仔细一看果然是潮潮。联想到儿子近来的反常表现，妈妈明白了，原来，孩子早恋了！看着路那边和女孩边说边笑的儿子，潮潮的妈妈开始犯愁了，这个棘手的事情终于来了。

孩子早恋，是很多父母不愿意看到但是又不得不面对的问题。很多父母听说或者发现孩子早恋之后，如临大敌，对孩子横加指责；有些父母不知道自己该怎么做，整天胆战心惊的，唯恐孩子耽误了大好时光；还有些父母气急败坏地对孩子进行打骂。

这是因为，早恋是一朵带刺的玫瑰，我们常常被它的芬芳所吸引，然而，一旦情不自禁地触摸，又常常被无情地刺伤。父母作为过来人是明白这个道理的，而孩子却被早恋的芬芳吸引住了。

据专家们分析，早恋的高发年龄段在 14 ~ 16 岁，平均年龄为 14.2 岁。那些家庭不健全和学习成绩不佳的孩子发生早恋的几率更大一些。因为这些孩子心理压力大，更容易陷入早恋中，寻找同龄人的关怀。随着孩子进入青春期，他们开始关注异性，喜欢与异性交往，这些都是正常的。这时候男孩的爱恋多是青春期的朦胧的、单纯的爱，他只是觉得和对方在一起很快乐。现在不少家庭都是独生子女，孩子更容易孤独，更渴望和异性朋友交往。

父母在发现孩子与异性之间的交往密切的时候，不要轻易地给他扣上“早恋”的帽子。要想想自己也曾经年轻过，也曾经对异性有过好感。要了解，有时候孩子只是对异性很好奇，渴望了解异性。如果过早地被扣上“早恋”的帽子，处于叛逆期的孩子有时候真的会作出叛逆的事情来。



北京大学精神卫生研究所唐登华教授说过：“早恋并不是洪水猛

兽，你越是压抑他的欲望，这种欲望就越膨胀，偷偷摸摸的爱情，反而让他觉得更具诱惑力，所以，你要允许他有适当的接触。”所以父母要对男孩的早恋有一个正确的认识，要尊重他的感情，及时加以疏导。

发现男孩早恋之后，父母应该怎样做呢？

### 步骤一：

理解男孩，心平气和地冷处理。

发现男孩早恋之后，父母首先要给予理解，毕竟孩子长大了，这是他进入青春期的正常的表现。不能对孩子进行讽刺、责骂甚至惩罚。有些不理智的父母会找老师或找对方的父母，闹得满城风雨，本来孩子只是和异性纯洁地交往，最后在父母的打击下变成了真的早恋，甚至私奔。父母发现孩子早恋之后，要让自己冷静下来替孩子保密，心平气和地倾听孩子的内心，和他讲道理，要知道引导孩子走出来需要一个长期的过程，不要简单粗暴地处理。

### 步骤二：

尊重男孩的情感，有针对性地疏导。

进入青春期，男孩女孩难免会互相吸引，而异性间的相互吸引是自然界普遍存在的规律。父母要理解男孩的感情，尊重他的感情，要像朋友一样和男孩进行坦诚的交流和沟通。不要借题发挥，羞辱男孩，这样会严重地伤害他的自尊心，会让他产生逆反心理，不利于解决问题。父母应该了解男孩对情感的需求，听听他的想法，从而有针对性地加以疏导，帮助他树立正确的人生观、价值观。

### 步骤三：

鼓励男孩积极参加活动，转移注意力。

父母要鼓励男孩多去参加一些有益的集体活动，比如郊游、公益活动、兴趣小组等，还可以鼓励男孩去发展自己的兴趣爱好，比如舞蹈、围棋、球类运动等，利用有益的渠道消耗男孩因荷尔蒙旺盛分泌而产生的多余能量。这样既可以陶冶男孩的情操，还能帮助他获得更多的友谊，同时分散他对异性的注意力，慢慢地转移他的情感。

### 步骤四：

对男孩进行亲情抚慰。

很多男孩之所以早恋，是因为他不能从父母那儿得到所需要的关怀和温暖。所以，父母要对男孩更多的关注和爱护，抚慰他的感情，消除他在青春期的迷茫和苦闷，做他坚强的后盾，这样，才能避免男孩因为情感的缺失而早恋。父母平时要放低自己的姿态，平等地和男孩相处，有空的时候多和男孩谈谈性和爱这些他想了解的知识，了解他的一些真实的想法，从而进行及时的引导和指导。

## 性教育，恰当引导才能保证安全

杰杰是一名初一的学生，可是他最近感觉自己有点不对劲，他觉得自己的嗓音好像变了，不像以前说话的时候那么清脆了，变得有些沙哑和浑厚。有时候早晨起床的时候，会发现自己的内裤上有些黏糊糊的东西。杰杰有些困惑，这是怎么了，难道是自己的身体出了什么问题吗？

杰杰还发现自己特别喜欢盯着前排的梅梅看，他觉得梅梅的辫子又黑又漂亮，皮肤也很白。上课的时候有好几次，他都偷偷地看着梅梅发呆，他也不知道自己是怎么了。尽管爱偷偷地盯着梅梅看，可是他只要一和梅梅说话，脸就会红得像个大苹果，很不好意思。其实他的心里还是很喜欢和梅梅说话的，他喜欢看梅梅说话时候那种文静的神情，还有她的眉毛像月亮一样的弯，真好看。

杰杰很困惑，怎么自己就控制不住自己的感情呢？

大约 12 岁开始，男孩陆续进入青春期。这时候，随着身体的发育和生殖器官的发育成熟，他开始有了朦胧的性意识。这一时期，他也对异性产生了好奇和兴趣，萌发了与性相联系的一些新的情感体验，滋生了对性的渴望，希望了解跟性有关的知识，同时又担心自己的这种想法是坏念头，会遭到他人的耻笑，所以又不能公开表达这种愿望和情绪，因此会感到一种强烈的冲击和压抑。

根据国内最大的青少年健康咨询网站的在线调查，处于青春期的孩子最渴望了解性知识，其中最困惑的问题依次是：男女生殖系统构造、两性交往知识、怀孕避孕知识、青春期生理特点以及如何排除心理障碍。近 55% 的父母从没有给孩子教授过青春期性生理和性心理的相关知识；28% 的父母会偶尔提及这个敏感话题，仅有 17% 的父母正式对孩子进行过性教育。在调查中发现，没有给孩子进行过性教育的父母，有些是因为自身知识欠缺无法教授，而有些则是觉得性问题过于敏感而难以启齿。

男孩对性知识的渴望是成长中正常的心理需要。因此，父母应该给予满足。尽管现在有很多的父母已经意识到要对男孩进行性教育，但是因为他自己也从来没有接受过系统的性教育，所以也有很多的困惑，有点无从下手的感觉。其实，父母只要能掌握正确的教育方法，性教育并不是难事。下面是概括专家们的一些建议：

### 步骤一：

日常生活中进行性教育。

父母不一定要等到男孩发问的时候，才开始对他进行性教育。在日常生活中，父母可以利用身边或社会上发生的与性教育有关的事件，来和男孩一起进行讨论，比如那些有关性犯罪的新闻报道，或是电影、电视里的情节等，这样比较自然。要是专门和孩子谈性教育，可能双方都会觉得有些尴尬。父母可以把自己或是朋友们青春期经历的故事讲给男孩，给他以启迪，让他知道自己应该怎么做。夫妻关系也是父母传达给孩子的最有影响的关于性的信息，平时的谈话、穿衣、洗脸、洗澡、睡觉、上厕所等每一个细小的环节，都渗透了不同方面和不同程度的性教育，父母可以利用这些机会来教育男孩。

总之，对男孩的性教育可以渗透在生活的各个方面、各个层面，贯穿在父母日常的态度和行为中，不要消极地等待男孩来问。

### 步骤二：

大大方方进行性教育。

当孩子问到性问题时，父母要轻松坦然，而不是避而不谈或是觉得难以启齿。父母还可以通过书籍、画册和网络资料来作为男孩性教育的辅助资料。有时候直接说可能男孩不一定能明白，可以采用比喻的方式告诉他，或者找一些相关的资料再用他能接受的方式告诉他，比如可以采用写信的方式和男孩交流，这样大家都不会感到尴尬，也能起到良好的教育效果。不少父母没有受过系统的性教育知识，最好的办法就是给孩子买一些性教育方面的书籍，放在孩子的枕头旁边或者他的书桌上，让他主动阅读。

### 步骤三：

根据不同的年龄段进行性教育。

孩子的智力发展是层层推进的，每一个年龄段所提出的问题都有差异，父母应该根据孩子不同的年龄进行不同内容的性教育。父母应该根据孩子的生理、心理发育规律，从小就让他明白男孩和女孩之间的差异。等他进入青春期，开始性困惑的时候，就可以利用合适的机会和他好好地交谈，当然交谈的方式也因人而异。这样才能引导男孩更好地成长。

### 步骤四：

父母要多学习。

父母要多学习一些性科学知识，这样可以对男孩进行全面的性教育。性科学包括生理病理学、医学、社会学、心理学、伦理学等方面的内容，父母不妨多掌握一些知识，以便能更好地帮助男孩们解决他们的困惑。

此外，现在各种媒体良莠不齐，孩子们难免会接触到一些不良的东西，而他的分辨能力比较差，父母还要引导男孩识别“真假”，让他懂得什么是真正的科学和健康。

### 步骤五：

教育男孩正确看待性。

在许多中国父母的观念里，性不宜提起，是不能给孩子讲太多的。还有不少父母总喜欢把性的消极面告诉男孩，如艾滋病、未成年怀孕等不好的方面告诉他。其实父母也要引导男孩认识到，性在其恰当的范围内，是件美好的事。爸爸妈妈的亲昵行为，就是他们相亲相爱的表现。性是在两个相爱的人之间产生的，不是低级的、下流的。

## 追星，避免陷入肤浅的漩涡

每个时期人们都有自己特定的崇拜对象，以前人们追捧的是“劳动模范”或者“战斗英雄”，现在随着社会多元化的发展，随着各式各样的明星偶像迅速地充斥我们周围的荧屏、网络、电波等等，于是现在不少孩子的偶像都是明星。

崔晓亮是一名15岁的初二学生，他最喜欢的明星是李宇春。自从小学的时候看了一次湖南卫视的超级女声比赛，他就疯狂地迷上了李宇春的歌声，后来但凡李宇春出新专辑，他必买无疑，卧室的墙上也贴满了李宇春的海报，还在自己的床头上贴满了李宇春的贴纸。电影院里刚上映的《十月围城》里面有李宇春演的角色，晓亮毫不犹豫地拿着自己的零花钱去买票观看。这天他正和自己的好朋友阳阳在讨论李宇春在《十月围城》里面的精彩表演，没有想到班上的同学陈成从他旁边路过说了句："你说的就是那个不男不女的李宇春啊，她演的《十月围城》我也看了，不怎么样。我还是喜欢张靓颖，喜欢她的海豚音，她比较淑女。"一听到有人这样说自己的偶像，崔晓亮就很生气，于是和陈成争执了起来，最后两人竟然发展到大打出手，大有你死我活的意思。好在班主任老师及时赶到制止了这场因明星而引起的战争。

尽管像崔晓亮和陈成这样因为自己喜欢的明星而打架的只是个案，但是在日常生活中，我们会发现很多孩子都有这种疯狂的追星态度。喜欢周杰伦的孩子房间里面贴满了周杰伦的海报和照片；喜欢王菲的孩子除了房间里面贴满了王菲的照片和纸贴，还把王菲出的所有的专辑都买回家珍藏；喜欢姚明的孩子就连新买的运动衣上也让人用专门的材料另外写上姚明在NBA的球衣号码……还有不少的明星粉丝们热衷于模仿偶像的穿着，即使大冷天，冻得瑟瑟发抖，也只穿两件单薄的衣服；书包上挂的是明星们琳琅满目的图片，言行举止也模仿明星，碰见明星开演唱会，想尽办法，不吃不喝也要省钱买张票去为这位明星助威造势。每每和他们说到喜欢的明星，他们就会两眼放光，兴奋得手舞足蹈，话语也滔滔不绝。有时候甚至为了自己喜欢的明星不惜和他人对骂或者大打出手。

孩子们疯狂的追星现象，让父母非常头痛和苦恼。不少父母都认为，孩子追什么不好，却偏偏要去疯狂地迷恋那些名噪一时的歌星、影星。现在不少明星总是绯闻满天飞，父母很担心孩子会学坏。所以他们不能理解也不能接受，更不知道现在的孩子到底是怎么了。

为什么有些孩子会热衷于追星呢？其原因是多方面的：

1．媒体的宣传。现在很多的大众媒体都有对歌星、影星连篇累牍的报道，几乎没有什么大众媒体是没有娱乐版的。明星开演唱会、出新专辑或者新影片发布会，都会通过大众媒体以不同的形式报道出来，涉世未深的孩子很容易受到影响。

2．精神空虚。现在很多父母和老师都过于看重孩子的学习成绩，所以孩子一天到晚都在监督下学习，在学校要学，回家还要学，生活枯燥单调，造成精神极度空虚；而父母又忽略对孩子道德、修养的教育，孩子就很容易将精神生活简单地理解为娱乐，导致盲目追星。

3．满足心理需求。每个孩子都有成功的心理需要，他们渴望在某一方面获得成功和自我实现，而明星的光环恰恰满足了他们的渴望，于是他们便说对明星顶礼膜拜。从某一方面来说，孩子们崇拜偶像，也是为了补偿自己无法实现某种理想的心理缺憾。

是的，明星的榜样力量是强大的，利用的好，会给孩子的成长带来积极的影响；利用的不好，会给孩子的成长带来很多负面的、消极的影响。比如，现在有些孩子为了参加自己喜欢的明星演唱会不惜向父母老师撒谎、旷课，甚至严重的还离家出走；为了买一张明星演唱会的门票不惜骗取父母的钱财，有的甚至偷钱骗钱。这样的追星，使孩子们目无法纪、弄虚作假，有的甚至会发展成问题学生，这些都应引起父母的注意和重视。

为了避免男孩陷入追星的漩涡，父母应该怎样做呢？

### 步骤一：

正确看待男孩“追星”。

父母应该对孩子追星有一个全面的、正确的认识。要明白孩子们崇拜偶像是成长过程中的必然现象，就像自己小的时候喜欢张海迪一样，只是时代变了，孩子们喜欢的是明星而已。如果孩子仅仅是利用自己的课余时间听听歌，看看电视里面明星的演唱会，买几张明星的海报回来贴在床头，这些父母就不应该干预，毕竟没有影响到孩子正常的学习生活，反而会丰富孩子的课余生活，父母就应该支持。如果孩子为了看明星的演唱会而逃课，或者是骗钱买明星的歌碟，父母就应该对他进行合理的引导了。切记要把握孩子追星在一定的度内，超过了度就很危险了。

### 步骤二：

不妨和男孩一起追星。

面对孩子喜欢的偶像，父母有空的时候可以和他一起追星，比如孩子喜欢张靓颖，喜欢她的海豚音，自己也可以听听张靓颖的歌曲，知道她哪里唱的好。这样和自己的孩子在一起的时候才有谈资，并且能对明星们作出客观的评论，也可以就此引导孩子们树立正确的人生观和价值观。同时，这样也不会和自己的孩子之间形成代沟，不会连“周董”是谁也不知道；反而会赢得孩子的尊重，在给孩子讲道理的时候，也会赢得他的认同，会让他心悦诚服的。

### 步骤三：

防止男孩不健康的“追星”。

有的男孩，看着自己心目中喜欢的漂亮的女明星，会产生性冲动、性幻想，这是正常的，但如果因为某位女明星出嫁了而变得十分沮丧，觉得自己受骗了，甚至作出傻事，这就不正常了。如果孩子追星影响身心健康和学习，父母就要给予他及时的引导。让他看到明星背后的成长史，要让他了解明星艰苦打拼的过程，明星不是天生的，是通过自己的艰苦的努力而成为明星的。要让孩子学习明星那种勇于奋斗和面对困难不折不挠的勇气，要学会欣赏明星的坚强和人格魅力。这样才能让追星在男孩的生活中发挥积极的作用。

### 步骤四：

丰富男孩的生活，引导他崇拜多方面的“星”。

父母要引导男孩多参加一些集体活动，比如参加书法、摄影、美术等活动，参加班级的郊游活动，参加社区的为孤寡老人献爱心的活动，这样就可以丰富孩子的生活，陶冶他的情操，培养他良好的品质，而且可以对他的追星行为散散热。

要让孩子明白，这个社会各行各业涌现出了很多的星，比如科技之星、教育之星、劳动之星等等，都是值得我们崇拜和热爱的。

## 网络，父母要紧跟孩子的步伐

随着科技的迅猛发展，我们进入了网络时代。人们在网上学习、聊天、购物、游戏、工作等等，网络的出现丰富了人们的生活，也给人们的生活带来了很多的便利。现在，上网已经成为人们学习、生活中一个必不可少的部分了。近年来，青少年已成为网络的主力军。他们在丰富多彩的网络世界里学习、交友、聊天、娱乐，而网络也给他们的生活带来了极大的冲击。

张老师是一名小学五年级的语文老师，每次看到学生的作文，他就头大，因为他根本不知道自己的学生想要表达什么意思。比如有学生在作文中写道:“我的生活现在是个‘杯具’,要是个‘洗具’该多好!”还有些学生经常用到“打酱油”这个词,也有些不少学生经常用到“酱紫”这个词。面对这样的网络语言,学生父母也是一样不懂。后来还是学生告诉老师和父母,“杯具”是“悲剧”的谐音,“洗具”就是“喜剧”的谐音,这是现在最流行的网络用语。“打酱油”就是“不关我事,不予评论”的意思。而“酱紫”就是“这样子”的意思。据此,张老师开始明白不上网是不行了,不上网就跟不上时代,不知道学生们到底在想什么,因此他强烈地呼吁父母要紧跟孩子的步伐,有空也可以学着上上网,了解孩子们到底在想些什么。

刘晓龙今年上初中二年级,他有一个十分响亮的网名叫“龙行天下”。每天晚上一放学回家,刘晓龙就会赶紧关上房门,然后打开QQ开始和天南海北的朋友聊天,还会和朋友们一起打游戏,玩得不亦乐乎。因为每天晚上睡眠不足5个小时,课堂上的刘晓龙一副萎靡不振的样子,呵欠连天,成绩也越来越差。爸爸为了让他好好学习,就把网线剪断了,这下刘晓龙急了,于是他就去网吧彻夜不归,弄得父母十分头疼,拿这个孩子没办法。刘晓龙的父母就搞不懂,网络的力量怎么那么大,简直让刘晓龙像着了魔一般。

的确,在网络时代,网络就像一把双刃剑,对孩子的影响有利有弊。教育专家总结了这些利弊,我们不妨来了解一下,首先是正面影响:

1. 网络媒体比传统的媒体容量大,信息更新比较及时,使用方便,为孩子获得各种信息提供了新的渠道。

2. 网络的兼容性,可以开阔孩子的思路和视野,通过链接可以全面地了解社会,增加见识。而网络的互动性,又可方便孩子发表自己的观点和见解，从而获得独立分析、判断和解决问题的能力。

3. 孩子可以通过网络来加强自己的学习，并且能学到很多在课堂上学不到的东西。网络是一个巨大的知识宝库，孩子们可以搜索到几乎任何想知道的东西。同时可以和各种人进行交流、沟通。

再看负面的影响：

1. 网络危害孩子的身心健康。据不完全统计，我国青少年网络成瘾人数已经超过1000万，其中13～17岁的初中生和高中生网络成瘾现象最为严重。这些网瘾严重的孩子每天要花费大量的时间上网，缺少休息和锻炼时间，严重地损害了他们的身体健康。有不少沉迷于网络的孩子会不思进取，厌学、逃学，甚至会荒废学业。

2. 网络上的信息良莠不齐，影响孩子人生观和价值观的形成。因为孩子的辨识能力比较弱，思想还在形成中，所以极易被蛊惑。还有大量的网络存在诈骗和黄色垃圾，对孩子的危害和威胁也是不容忽视的。

3. 网络的虚拟性可以满足孩子的各种心理，比如他们可以在虚拟世界里买房买车，随意找人交流沟通，甚至叱咤风云。但是一旦回到现实，就很难将虚拟和现实的角色互相转换，容易造成心理错位，使得他们产生新的人际交往障碍，严重的甚至会出现人格障碍。

那么，父母应该怎样引导男孩利用好网络呢？

### 步骤一：

父母要与时俱进，学习和了解网络。

网络作为一门新兴的科学技术，父母也要积极地学习，了解和掌握这门技术。不要只顾着孩子学习，觉得自己老了就放弃了。只有自己去积极学习，才能紧跟孩子的步伐，才能知道现在的孩子都在想些什么，他们都喜欢些什么。比如了解一些网络语言，和孩子之间的代沟就会减小，还可以通过自己的认识为孩子把好关，防止网络上那些有毒的信息对孩子的侵害。

### 步骤二：

丰富男孩网络外的生活。

现在不少家庭都只有一个孩子，没有兄弟姐妹可以交流，平时父母工作忙，和孩子的交流也不多。孩子生活枯燥，加上学习负担重，找不到宣泄情绪的渠道，于是便转向网络。所以，父母可以鼓励男孩参加一些丰富多彩的集体活动，比如学校的作文比赛、演讲比赛，让孩子发挥他的特长和兴趣爱好，也可以鼓励孩子参加书法小组、参加绘画小组等等。周末或节假日，父母可以带着男孩一起去郊游，只有这样才能分散男孩的注意力，扩大他的交往面，使得他积极地融入社会生活中。

### 步骤三：

多和男孩沟通交流，满足他的情感需求。

父母要多抽时间和男孩进行交流，要明白孩子的想法，了解他的思想动态，这样才能加深和孩子之间的感情；通过沟通帮助孩子解决他成长过程中遇到的各种烦恼和麻烦，关心孩子的生活和成长，用亲情来满足他的情感需求，使得他摆脱对网络的依恋和依赖。

### 步骤四：

引导男孩认识网络的利与弊，培养他正确的人生观和价值观。

父母可以针对当今社会上发生的一些具体的事例来告诉男孩网络的利与弊，尤其是一些发生在他身边的故事，这样有利于男孩体会和接受。父母一定还要帮助男孩过滤各种信息，让他远离那些危害他身心健康的不良信息，同时培养他正确的人生观和价值观，抵制虚拟的诱惑。

## 陪男孩一起度过“心理断乳期”

一位妈妈苦恼地说：“我的儿子刘洋15岁了，今年上初二。以前很听话的，现在全变了，让他好好学习，他偏不，每天放学回来就玩游戏。前天，他又在玩游戏，我说了他几句，他竟然说：‘你烦不烦啊，每天除了学习还是学习，就不能说点别的？’说完摔门就走。晚上一夜都没有回来，急得我和他爸爸到处找。后来才知道他是在网吧过了一夜。现在孩子真是越来越难管教了，不管我们说什么他都爱顶嘴，动不动就爱说，‘我好烦’‘我好郁闷’。不知道这孩子是不是心理有问题了。”

我们再来看看刘洋在日记中写到的自己的烦恼：

我已经15岁了，我妈还是觉得我像个孩子。我想什么事情自己拿主意，她就受不了。我觉得我和她之间简直无法沟通，她每天除了问我学习还是学习，一听她这样唠叨我就来气，就想顶撞她，其实我也不喜欢，可我就是控制不了我自己。我上周染头发，他们就教训了我半天，非说我像个混混，让我把头发再染回来，可是我就喜欢这样，就是不喜欢听他们的，我觉得他们根本不知道什么叫做美。现在每天我都觉得自己很孤独，在学校要拼命学习，回家了要听我妈的唠叨，玩耍的时间也不是很多，所以有时候就在网上找朋友聊天，可我妈认为我那是不务正业，她什么时候才能理解我呢？真是郁闷啊！

是的，现在有很多的父母都像刘洋的妈妈一样苦恼于孩子步入青春期突然发生的巨大变化，他们简直接受不了孩子的这种转变。而孩子们也像刘洋一样，觉得想要摆脱父母的唠叨和控制，他们也很烦恼。这到底是怎么回事？到底是父母的问题还是孩子的问题呢？

心理专家告诉我们，这是孩子进入“心理断乳期”的表现。何谓“心理断乳期”呢？就是孩子随着年龄的增长，渐渐地出现了强烈的独立自主的需要，产生成人感，开始希望摆脱父母的束缚，要求自己的事情由自己拿主意，不愿别人把自己当成不懂事的小孩。据了解，人的一生有两个重要时期，第一个是生理断乳期，发生在 1 岁左右；第二个是“心理断乳期”，从 12 岁左右开始，孩子们逐渐从对父母的依赖关系中脱离开，一直到 18 岁左右完成。而像刘洋一样的初中生年龄都在 12 ~ 15 岁，正好介于从童年期过渡到青年期的“心理断乳期”，这个时期是他身心发展、个性形成的关键时期。

一般来说，处于“心理断乳期”的孩子心理上有两个特点：

1. 独立意识增强。他们渴望摆脱对父母的依附，渴望独立，比较反感父母、老师对自己管得太严，因此容易和父母、老师发生冲突，转而会寻找和自己年龄相仿、情趣相投的伙伴。

2. 容易产生叛逆心理。这一时期的孩子心理上比较封闭，有些事情不愿和父母交流，喜欢自作主张，不愿意听从父母的话，父母让他向东，他偏朝西。

我们知道了这些，就不难理解他的变化了。“心理断乳期”是孩子一生的关键时期，是孩子从幼稚到成熟的转折期。父母应该理解孩子这一特殊时期的变化，了解“心理断乳期”的实质，了解孩子们产生逆反心理的原因。同时还要注意的是，由于这一时期的孩子人生观、世界观还不完全成熟，他在面对各种复杂的现实问题的时候，还不能很好地把握自己，容易遭遇挫折和失败，会产生孤独、抑郁的情绪，父母一定要和孩子有效地沟通，陪伴他度过人生的这一关键时期。

父母如何陪男孩度过“心理断乳期”呢？

### 步骤一：

父母要尊重男孩。

父母首先要尊重男孩的人格，把男孩当作是独立的个体，凡事要和男孩一起商量，多听听他的意见和看法。当男孩在生活、学习中遇到困难的时候，父母要充分地相信他，相信他可以解决自己的问题和困难。在男孩遇到，挫折和失败的时候，父母要多鼓励他。对他取得的成绩要给予表扬。父母还要尊重男孩的自尊心，不要当众责骂孩子，不要总是拿父母的权威来压制孩子。批评男孩时，要注意场合和自己的语气，要循循善诱，要和他讲道理，使他心甘情愿地接受。此外，父母要尽量避免和男孩发生正面冲突，在他生气或者发火的时候，自己一定要保持冷静，采取冷处理的方式，这样有助于解决问题。

### 步骤二：

主动与男孩沟通，学会倾听。

随着男孩“心理断乳期”的到来，他比较反感父母的唠叨，什么也不愿意和父母沟通交流了，这样父母和男孩之间就会形成一道不可逾越的鸿沟。这时候父母要学会主动和男孩沟通，可以把自己工作和生活中的事情讲给孩子听，让孩子也来发表他的看法，也可以就某一件事情和孩子展开讨论，这样可以加深和孩子之间的感情，减少和孩子之间的“代沟”。此外，在他遇到事情时父母切忌唠叨，要放低姿态、放平心态，学着倾听孩子的诉说，做孩子的忠实听众。这样父母和孩子在感情上才会产生共鸣，父母也就很容易走进男孩的内心世界，从而赢得男孩的信赖。

### 步骤三：

满足男孩的独立意识，给予赏识教育。

处于“心理断乳期”的孩子随着身心的成长发育，他渴望独立，他以为自己已经成人了，逐渐从依赖于父母的心理状态中独立出来，自己判断、自己解决所面临的新的矛盾，这是一个人的社会化过程，是一个人从幼稚到成熟的转折时期。父母要满足他的这种成人感，学会赏识教育，认识到男孩的优点和缺点，要学会发自内心的欣赏他，时刻激励他，让男孩的各种潜能能充分地发挥出来。

### 步骤四：

允许男孩有更多的自由。

处于“心理断乳期”的男孩比较渴望自由，父母要信任他，给他更多的自由，这样才能不妨碍他各种能力的锻炼和培养。此外，父母要多鼓励男孩参加一些有益于身心的集体活动，丰富、充实男孩的精神生活，通过活动，男孩还能结识更多的朋友，有利于培养他开朗乐观的性格。而男孩因为结识了更多的朋友，易于正确地认识自己、认识周围的人和事，有助于身心的健康发展。

## 切莫闯进孩子私密的空间

韩聪是一名初二的男生，最近他很烦恼：每次在家里接电话，妈妈就问他谁打来的，要是有女生给他打电话，妈妈一定要追问半天，有时候妈妈还凑到旁边去偷听。有一天，韩聪把手机放在桌子上去洗澡了，等他洗完出来发现自己的手机屏幕竟然是亮着的，他想可能有同学给自己发信息，可这时他看到坐在沙发上的妈妈神态很不自然，韩聪恍然大悟：一定是妈妈翻看了自己的手机短信和通话记录了。让韩聪更郁闷的是，前天放学回家，发现妈妈刚从自己的房间里面走出来，他一摸自己的电脑是烫的，他猜测妈妈一定是开了他的 QQ 看了他的聊天记录和网络日志。虽然很生气，但是他并没有对妈妈明说，他马上打开电脑更改了QQ密码，以前他是那么相信妈妈，可是现在他不相信了。他还给自己的抽屉上了锁，给自己的日记本上了锁。他觉得自己都这么大了，应该有自己的小秘密了，他很反感妈妈的做法。

生活中，我们会发现很多像韩聪这样无奈的孩子，随着年龄的增长，他不再像小时候那样写了日记就高高兴兴地拿给父母看，他渴望有自己的小秘密，渴望有自己的独立空间，不再什么都给父母看给父母说。然而，父母却觉得这样不对，为了了解孩子的思想动态，为了知道孩子最近在干什么，家长常常会偷看孩子的日记，偷看孩子的手机短信，偷听孩子的电话等等，在他们看来自己的出发点是为孩子好。一位妈妈就是这样说的："不听你电话怎么知道你都结交了一些什么人？我这样做，都是为了你好啊！"仅仅按照自己的思维来考虑问题，却不去和孩子沟通交流，不问孩子愿不愿意。

其实，做父母的都应该明白，每个人都会有自己的秘密和隐私，孩子也不例外。

随着孩子年龄的增长，他的独立意识和自尊意识不断增强，成人化的倾向也明显起来，他希望别人尊重他的自主性、独立性。同时随着他生活领域的扩大，接触面变得广泛起来，他的内心也开始变得敏感，会产生很多的新想法，而他又不愿意让其他人知道，于是就开始有了自己的隐私。特别是到了青春期这一阶段，他和父母之间因为想法的不同，沟通也变得少了起来，很多事情他也不愿意告诉父母，于是他就开始准备了带锁的日记本来记录自己的小秘密。

父母在这个时期，如果肆意地闯入他的私密空间，甚至粗暴干涉，私拆孩子的信件、监听电话、偷看日记等，就会给孩子的成长带来一系列的危害：

1. 伤害孩子的自尊心。

不少父母觉得偷看孩子的日记、检查信件、偷听电话、查阅短信、翻查书包等是为了保护孩子，预防孩子学坏和受伤害。其实，这在孩子看来就是父母对自己的不信任、不尊重，严重伤害了孩子的自尊心。

2. 打击孩子的自信心。

对于孩子来说，随着年龄的增长，羞耻心也渐渐增强，比如希望自己偷偷地改正和弥补错误和不足。如果他的秘密被父母无情地揭开，自信心就会受到打击。

3. 削弱亲子关系。

父母侵犯了孩子的隐私，会让孩子很反感，而不少父母被孩子发现之后又不采取措施补救，这样会加深和孩子之间的隔阂，削弱亲子关系。

4. 削弱孩子的自省力。

写日记常常是孩子的一种自省方式，他可以在日记里面思考，在日记里面鼓励自己继续努力。但是一旦这种自省方式被父母侵犯，就会让他失去自省的欲望和能力，会妨碍他的成长。

哥伦比亚大学教育心理学教授金伯利·肖内特认为：“青少年时期对隐私的需要超过他一生任何其他时期，甚至成年期，如果你认为隐私对你很重要，那么它对你的孩子更重要。”明智的父母应该了解孩子的成长规律，要认识到孩子有了秘密是他长大的标志，父母应该愉快地接受有秘密的孩子，尊重孩子的隐私。

那么，父母该怎样对待男孩的隐私呢？



### 步骤一：

父母首先要尊重男孩，尊重他的隐私。

每个孩子都是独立的个人，有自己的思想和情感，父母要尊重他的隐私和独立的人格。不要觉得自己是孩子的父母就是权威，就可以不用尊重孩子了。遇事要和孩子多商量，在家里要采用民主的方式来解决和处理问题。比如，父母进入孩子的房间之前要先敲门，翻看孩子的东西要经过孩子的允许，凡是涉及孩子隐私的东西，自己都不要随便乱动，要尊重孩子的所有权。只有这样，孩子也才会尊重父母。

### 步骤二：

父母要放低自己的姿态，多与男孩进行沟通。

做父母的要放低自己的姿态，主动和男孩交谈。要尝试着了解男孩的想法，学会耐心地倾听男孩的诉说，遇事要多听听男孩的意见和建议。这样才能更好地了解男孩，而男孩也愿意把自己心里的小秘密坦诚地告诉父母，父母不仅可以掌握孩子的各种思想动态，还能给予他及时的指导。

### 步骤三：

父母要有的放矢，引导男孩健康成长。

青春期的孩子尚未形成正确的人生观和世界观，对事物和问题的认识都不可能全面。父母要从各个侧面来细心观察和了解孩子的思想动态，引导他走出心理困惑，培养他明辨是非的能力，以使孩子在学习和生活中更好地规范自己的品德和人格。只有通过引导，才能提高男孩为人处世的能力，才能使他从隐私边缘的危险地带及时地走出来。

**图书在版编目(C I P)数据**

男孩穷养有出息/卢晴,张小月编著. —太原:山西教育出版社,2014.7
(家教系列/麦坚主编)
ISBN 978-7-5440-4483-7

Ⅰ.①男… Ⅱ.①卢…②张… Ⅲ.①男性-家庭教育 Ⅳ.①G78

中国版本图书馆 CIP 数据核字(2010)第 123013 号

**男孩穷养有出息**
NAN HAI QIONG YANG YOU CHU XI

**责任编辑** 潘 峰
**复　　审** 邓吉忠
**终　　审** 张沛泓
**装帧设计** 薛 菲
**印装监制** 贾永胜

**出版发行** 山西出版传媒集团·山西教育出版社
(太原市水西门街馒头巷 7 号 电话:4035711 邮编:030002)
**印　　装** 太原市海泉印刷有限公司
**开　　本** 787×960 1/16
**印　　张** 14.25
**字　　数** 167 千字
**版　　次** 2014 年 7 月第 1 版山西第 5 次印刷
**印　　数** 28000—33000 册
**书　　号** ISBN 978-7-5440-4483-7
**定　　价** 29.80 元